근현대 전법 선맥(傳法禪脈)

75조 경허 성우(鏡虛 惺牛) 전법선사

오도송

홀연히 콧구멍 없는 소 되라는 말끝에
삼천계가 내 집임을 단박에 깨달았네
유월의 연암산을 내려가는 길에서
일없는 야인이 태평가를 부르노라

忽聞人語無鼻孔
頓覺三千是我家
六月鷰岩山下路
野人無事太平歌

76조 만공 월면(滿空 月面) 전법선사

전법게

구름과 달, 산과 계곡이라, 곳곳에서 같음이여
선가의 나의 제자 수산의 큰 가풍일세
은근히 무문인을 그대에게 분부하니
이 기틀의 방편이 활안 중에 있노라

雲月溪山處處同
叟山禪子大家風
慇慇分付無文印
一段機權活眼中

* 제75조 경허 성우 전법선사 전함 / 제76조 만공 월면 전법선사 받음

77조 전강 영신(田岡 永信) 전법선사

전법게

불조도 전한 바 없어서
나 또한 얻은 바 없음을…
가을빛 저물어 가는 날에
뒷산의 원숭이가 울고 있네

佛祖未曾傳
我亦無所得
此日秋色暮
猿嘯在後峰

* 제76조 만공 월면 전법선사 전함 / 제77조 전강 영신 전법선사 받음

78대 대원 문재현(大圓 文載賢) 전법선사

전법게

부처와 조사도 일찍이 전한 것이 아니거늘
나 또한 어찌 받았다 하며 준다 할 것인가
이 법이 2천년대에 이르러서
널리 천하 사람을 제도하리라

佛祖未曾傳
我亦何受授
此法二千年
廣度天下人

부송(付頌)

어상을 내리지 않고 이러-히 대한다 함이여
뒷날 돌아이가 구멍 없는 피리를 불으니
이로부터 불법이 천하에 가득하리라

不下御床對如是
後日石兒吹無孔
自此佛法滿天下

* 제77조 전강 영신 전법선사 전함 / 제78대 대원 문재현 전법선사 받음

이 오도송과 전법게는 대원 문재현 선사님께서 법리에 맞도록 새롭게 번역한 것입니다.

불조정맥 제 77조 대한불교 조계종 전강 대선사님께서는, 16세에 출가하여 23세 때 첫 깨달음을 얻고 25세에 인가를 받으셨다. 당대의 7대 선지식인 만공, 혜봉, 혜월, 한암, 금봉, 보월, 용성 선사님의 인가를 한 몸에 받으셨으며, 이 중 만공 선사님께 전법게를 받아 그 뒤를 이으셨다. 당대의 선지식들이 모두 극찬할 정도로 그 법이 뛰어나서 '지혜제일 정전강'이라 불렸다.

33세의 최연소의 나이로 통도사 조실을 하셨고, 법주사, 망월사, 동화사, 범어사, 천축사, 용주사, 정각사 등 유명선원 조실을 역임하시고 인천 용화사 법보선원의 조실로 일생을 마치셨다.

1975년 1월 13일, 용화사 법보선원의 천여 명 대중 앞에서 "어떤 것이 생사대사(生死大事)인고?" 자문한 후에 "악! 구구는 번성(飜成) 팔십일이니라."라고 법문한 뒤, 눈을 감고 좌탈입망하셨다.

다비를 하던 날, 화려한 불빛이 일고 정골에서 구슬 같은 사리가 무수히 나왔다. 열반하시기까지 한결같이 공안 법문으로 최상승법을 드날리셨으니 그 투철한 깨달음과 뛰어난 법, 널리 교화하기를 그치지 않으셨던 점에 있어서 한국 근대 선종의 거목이라 일컬어지고 있다.

불조정맥 제78대 대원 문재현 전법선사님
- 양대 강맥 전강대법회에서 법문 중 할을 하시는 모습

오로지 정법만을 깨닫기 서원합니다.

입을 열면 정법만을 설하기 서원합니다.

중생이 다하는 그날까지 교화하기 서원합니다.

— 대원 문재현 전법선사의 3대 서원

불교 8대 선언문

불교는 자신에게서 영생을 발견하게 한 유일한 종교이다.
불교는 자신에게서 모든 지혜를 발견하게 한 유일한 종교이다.
불교는 자신에게서 모든 능력을 발견하게 한 유일한 종교이다.
불교는 자신에게서 모든 것을 이루게 한 유일한 종교이다.
불교는 자신에게서 극락을 발견하게 한 유일한 종교이다.
불교는 깨달으면 차별 없어 평등하다는 유일한 종교이다.
불교는 모든 억압 없이 자신감을 갖게 한 유일한 종교이다.
불교는 그러므로 온 누리에 영원할 만인의 종교이다.

— 대원 문재현 전법선사 주창

전세계의 불교계에서 통일시켜야 할 일

경전의 말씀대로 32상과 80종호를 갖춘 불상으로 통일해야 한다.

예불 드리는 법을 통일해야 한다.

불공의식을 통일해야 한다.

- 대원 문재현 전법선사 주창

2017년 성불사 국제정맥선원에서 초파일대법회 후 대원 문재현 선사님과 함께

바로
보인

유가귀감

도서출판 문젠(구, 바로보인)은 정맥선원에서 운영하고 있습니다.

* 인제산(人濟山) 성불사(成佛寺) 국제정맥선원
  경기도 포천시 내촌면 소리개길 86-178 ☎ 031-531-8805
* 인제산(人濟山) 이룬절 포천정맥선원
  경기도 포천시 내촌면 소리개길 86-123 ☎ 031-532-1918
* 도봉산(道峯山) 도봉정사(道峯精舍) 서울정맥선원
  서울시 도봉구 도봉로 921 문젠빌딩 2층 ☎ 02-3494-0122
* 백양산(白楊山) 자모사(慈母寺) 부산정맥선원
  부산시 동래구 아시아드대로 114번길 10 대륙코리아나 2층 212호 ☎ 051-503-6460
* 자모산(慈母山) 육조사(六祖寺) 청도정맥선원
  경북 청도군 매전면 동산리 산 50 ☎ 010-4543-2460
* 광암산(光巖山) 성도사(成道寺) 광주정맥선원
  광주광역시 광산구 삼도광암길 34 ☎ 062-944-4088
* 대통산(大通山) 대통사(大通寺) 해남정맥선원
  전남 해남군 화산면 송계길 132-98 중정마을 ☎ 061-536-6366

바로보인 불법 ④

바로보인 유가귀감(儒家龜鑑)

초판 1쇄 펴낸날 단기 4350년, 불기 3044년, 서기 2017년 6월 15일

역 저		대원 문재현 선사
펴 낸 곳		도서출판 문젠(Moonzen Press)
		11192, 경기도 포천시 내촌면 소리개길 86-178
		전화 031-534-3373 팩스 031-533-3387
신 고 번 호		2010.11.24. 제2010-000004호
편 집 윤 문		진성 윤주영
제 작 교 정		도명 정행태, 도향 하가연
인 쇄		가람문화사

도서출판문젠 www.moonzenpress.com
정 맥 선 원 www.zenparadise.com
사막화방지국제연대(IUPD) www.iupd.org

ⓒ 문재현, 2017. Printed in Seoul, Republic of Korea
값 15,000원
ISBN 978-89-6870-213-6 03220

바로보인 불법 ④

유가귀감
儒家龜鑑

휴정 서산 대사 지음
대원 문재현 선사 역저

서문

유가귀감은 서산 대사가 간추려놓은 구절로서, 간결하지만 심오하기 그지없다. 간략한 구절 속에서 유교 사상을 미루어볼 수 있게 한 서산 대사의 박학함에 놀라지 않을 수 없다.
그러한 점에 심취해서 감히 주저 없이 필을 들어 의역과 주석을 하기에 이르렀다.
요즘 시간에 쫓기는 분들이 읽기 좋도록 했으니 이 책을 접하는 분들 모두에게 도움이 됐으면 하는 마음뿐이다.

단기(檀紀) 4340년
불기(佛紀) 3034년
서기(西紀) 2007년 음력 8월 10일

무등산인 대원 문재현 분향근서
(無等山人 大圓 文載賢 焚香謹書)

차 례

대원선사 서문　5

유가귀감　1	8	유가귀감 21	48
유가귀감　2	10	유가귀감 22	50
유가귀감　3	12	유가귀감 23	52
유가귀감　4	14	유가귀감 24	54
유가귀감　5	16	유가귀감 25	56
유가귀감　6	18	유가귀감 26	58
유가귀감　7	20	유가귀감 27	60
유가귀감　8	22	유가귀감 28	62
유가귀감　9	24	유가귀감 29	64
유가귀감 10	26	유가귀감 30	66
유가귀감 11	28	유가귀감 31	68
유가귀감 12	30	유가귀감 32	70
유가귀감 13	32	유가귀감 33	72
유가귀감 14	34	유가귀감 34	74
유가귀감 15	36	유가귀감 35	76
유가귀감 16	38	유가귀감 36	78
유가귀감 17	40	유가귀감 37	80
유가귀감 18	42	유가귀감 38	82
유가귀감 19	44	유가귀감 39	84
유가귀감 20	46	유가귀감 40	86

유가귀감 41	88	유가귀감 55	116
유가귀감 42	90	유가귀감 56	118
유가귀감 43	92	유가귀감 57	120
유가귀감 44	94	유가귀감 58	122
유가귀감 45	96	유가귀감 59	124
유가귀감 46	98	유가귀감 60	126
유가귀감 47	100	유가귀감 61	128
유가귀감 48	102	유가귀감 62	130
유가귀감 49	104	유가귀감 63	132
유가귀감 50	106	유가귀감 64	134
유가귀감 51	108	유가귀감 65	136
유가귀감 52	110	유가귀감 66	138
유가귀감 53	112	유가귀감 67	140
유가귀감 54	114	유가귀감 68	142

부록 1 불조정맥(佛祖正脈) 145

부록 2 대원 문재현 선사님 인가 내력 151

부록 3 21세기에 인류가 해야 할 일 163

부록 4 가슴으로 부르는 불심의 노래 169
  - 대원 문재현 선사님이 작사한 곡

儒家龜鑑
유가귀감 1

공자는
"하늘이 무어라 말하던가."[1]
라고 하였고

孔子曰 天何言哉

---

[1] 『논어(論語)』 양화(陽貨) 17장에서 인용한 글이다. 공자의 제자인 자공이 "선생님께서 만일 말씀을 하지 않으시면 저희들이 어떻게 선생님의 뜻을 따르겠습니까?(子如不言 則小子何述焉)"라고 질문하자, 공자가 "하늘이 무어라 말하던가. 사계절이 운행하고 온갖 것들이 생겨나지만, 하늘이 무어라 말하던가.(天何言哉 四時行焉 百物生焉 天何言哉)"라고 답하였다.

대원선사 결문
大圓禪師 決文

창공을 우러러 찾는 하나님은
어둠과 맹수와 우뢰 등을 두려워하는 데에서 있
게 된 미신의 존재이다.
그리고 그런 신앙에 깊이 빠져
기도하며 계시를 받았다고 하지만
그것은 지극한 염원에서 온 꿈 같은 현상인 것이다.
동양에서는 一〔하늘〕과 一〔땅〕을 人〔사람〕이
꿰뚫어 받치고 있는 자를 天이라 했다.
一과 一과 人자를 합쳐 天자를 만든 것은
곧 누리의 이치를 꿰뚫어 지닌 사람의 본래 마음,
곧 사람의 본유한 천연의 바탕, 천성(天性)이
하나님이란 것을 가리킨 것이다.

천진한 그대의 마음을
밖의 먼 허공에서 찾지 말라
나무와 돌까지도 누설한다
알겠는가?
돌이켜 보는 자를 보라

儒家龜鑑 유가귀감 2

동중서[2]는
"도라는 큰 근원은 하늘에서 나왔다."
라고 하였으며

董仲舒曰　道之大原　出於天

---

[2] 동중서(董仲舒) : 하북성 광천현 출신. 일찍부터 『공양전(公羊傳)』을 익혔으며 경제(景帝) 때는 박사가 되었다. 장막을 치고 제자를 가르쳤기 때문에 그의 얼굴을 모르는 제자도 있었다. 3년 동안이나 정원에 나가지 않았을 정도로 그는 학문에만 정진하였다. 무제가 즉위하여 크게 인재를 구하므로 현량대책(賢良對策)을 올려 인정을 받고, 전한의 새로운 문교정책에 참획(參劃)하게 되었다. 오경박사(五經博士)를 두게 되고, 한나라 문교의 중심이 유가(儒家)에 통일된 것은 그의 헌책(獻策)에 힘입은 바가 크다. 그러나 뒤에 자신의 학설로 말미암아 투옥되는 등 파란 많은 생애였다. 저서에 『동자문집(董子文集)』, 『춘추번로(春秋繁露)』 등이 있다.

대원선사 결문
大圓禪師 決文

자신의 내면을 향해 소리 듣는 곳을 보라.
이렇게 지극히 수행하면
도라는 큰 근원이 무엇으로부터 비롯되었는지
어느 날 깨닫게 된다.
알고 싶은가?

줄 위의 제비는 노래로 전하고
뜰 아래 푸른 대는 춤으로 보이며
오 층의 사리탑은 근엄하게 누설하네

儒家龜鑑

유가귀감 3

채침[3]은
"하늘이란 엄숙한 그 마음이다."
라고 하였고

蔡沈曰　天者嚴其心

3　채침(蔡沈) : 남송 건주(建州) 건양(建陽) 사람. 자는 중묵(仲默)이고, 학자들 사이에 구봉선생(九峰先生)으로 불렸으며, 시호는 문정(文正)이다. 채원정(蔡元定)의 둘째 아들이다. 젊어서 가학을 이었고, 주희(朱熹)에게 배웠다. 경원당금(慶元黨禁) 때 아버지를 따라 도주(道州)로 유배를 갔다. 아버지가 죽은 뒤 구봉(九峰)에 은거하면서 주희의 명령으로 『상서(尙書)』에 주를 달았는데, 10여 년의 시간이 걸려 영종(寧宗) 가정(嘉定) 2년(1206)『서집전(書集傳)』을 완성했다. 여러 학설을 종합하고 주석(注釋)이 명석하여 원나라 이후 과거 시험을 준비하는 선비들에게 필독서가 되었다. 평생 벼슬하지 않았다. 그 밖의 저서에『홍범황극(洪範皇極)』과『채구봉서법(蔡九峰筮法)』등이 있다.

대원선사 결문
大圓禪師 決文

채침도 엄숙한 본래의 마음이
하늘이라 하고 있다.
우리들의 천연한 본래 마음을 깨달으면
거기에 갖추어진
그 엄숙하고 전지전능함을 알 수가 있다.
어떤 이가 샘물을 마심에
그 물을 마셔봐야 그 맛을 알 수 있다고 했다.
알고 싶은가?

너라고 하는 너를 알라.
험!

儒家龜鑑
유가귀감 4

이것을 주무숙[4]은
"무극이면서 태극이다."
라고 하였다.

此卽 周茂叔 所謂 無極而 太極也

---

4 주무숙(周茂叔) : 본래 이름은 돈실(敦實)이었으나 송나라 영종(英宗)의 초명인 종실(宗實)과 같은 글자를 피하기 위해 돈이(敦頤)로 이름을 바꾸었다. 주자(周子)라고도 부르는데, 성리학을 집대성한 주희를 가리키는 주자(朱子)와 혼동되므로 일반적으로 널리 사용되지 않는다. 호는 염계(濂溪)인데, 강서성의 여산 개울가에 집을 짓고 살면서, 그 개울을 염계라 하고 스스로를 염계선생이라고 부른 데서 비롯되었다. 주돈이는 중국 성리학의 틀을 만들고 기초를 닦은 인물로 평가된다. 그는 도가(道家)와 불교의 주요 인식과 개념들을 받아들여 우주의 원리와 인성에 관한 형이상학적인 새로운 유학 이론을 개척했고, 그의 사상은 정호·정이 형제와 주희 등을 거치며 이른바 정주학파(程朱學派)라고 불리는 중국 유학의 중심적 흐름을 형성했다. 그의 저술은 7권의 『주자전서(周子全書)』로 전해지는데, 그 가운데 『태극도설(太極圖說)』과 『통서(通書)』가 가장 대표적인 저작으로 꼽는다.

대원선사 결문
大圓禪師 決文

무극이란 형상이 있기 이전의 본래 마음
곧 참마음의 실체이며
태극은 형상이 있기 이전의
본연한 마음의 빛이다.
이 빛은 형상이 있기 이전의 빛이므로
형상 위의 빛이 아니다.
곧 형상이 있기 이전, 내면의 지혜작용이니
비유하면 보석 안의 형상 없는 일곱 빛깔과
같은 것이다.
알고 싶은가?

눈앞에 드러났다.

儒家龜鑑

유가귀감 5

『서전』의 서문(序文)에서
"밝고도 면밀함이 한결같은 것이
중도(中道)를 지키는 것이다."라고 했으니
요·순·우[5]가 서로 전한 마음의 법이다.

書傳序曰 精一執中 堯舜禹相傳之心法也

---

5   요·순·우(堯舜禹) : 중국 고대의 전설적인 성군(聖君)인 요임금, 순임금과 하(夏)나라를 세운 우왕.

대원선사 결문
大圓禪師 決文

치우치지 않은 마음을 중도의 마음이라 한다.
다시 말해서 체(體)에만 정체해 있지도 않고
또한 용(用)에만 치우쳐 있지도 않은
마음 씀을 말한 것이다.
비치고 씀을 한때 해서
눈앞의 것에 떨어져 있지 않아
얕은 생각이 행동을 지배하는 일이 없는
마음 씀이라야 한다.
그렇게 되고 싶은가?

날아가는 까마귀는 검고
서 있는 백로는 희다
참!

儒家龜鑑

유가귀감 6

'중도를 세우고 지선(至善)의 도[6]를 세운다.'
라고 한 이것은
상나라의 탕왕과 주나라의 무왕이
서로 전한 마음의 법이다.
덕(德)이니 인(仁)이니 경(敬)이니 성(誠)이니
하는 것이
말은 비록 다르지만 이치는 하나이니
모두가 이 마음의 현묘함을
밝히지 않는 것이 없다.
아, 마음의 덕, 번성하도다.

建中建極 商湯 周武 相傳之心法也 曰德 曰
仁 曰敬 曰誠 言雖殊而理則一 無非所以明
此心之妙也 呼心之德其盛矣乎

---

[6] 원문의 '극(極)'은 '지선(至善)의 도'라는 뜻을 가지고 있다.

대원선사 결문
大圓禪師 決文

중도의 마음을 항상 쓰면
덕과 인과 경과 성이 스스로 그 가운데 있다.
이러한 마음을 현묘한 마음이라 한다.
이 현묘한 마음이 행동 속에 항상하면
마음의 덕이 번창하게 된다.
그렇게 되고 싶은가?

매화는 봄꽃이고
국화는 가을꽃일세
꽃이다!

儒家龜鑑

유가귀감 7

『중용』의 성(性)과 도(道)와 교(敎), 세 글자는
이름은 다르나 실제는 같은 것으로서
본체와 작용을 갖추고 있으니
이것이 공자와 맹자가 전하고 받은
마음의 법이다.

中庸 性道敎三句 亦各異而實同 體用備焉
此乃孔孟傳授心法

대원선사 결문
大圓禪師 決文

여기서 말하고 있는 체와 용이란
비어서 가없는 몸과
그 몸에 보석의 빛처럼 있는 지혜의 씀이다.
이 몸과 씀을 한때 하는 마음일 때
『중용』의 성과 도와 교가 그 가운데 있다.
그렇게 되고 싶은가?

여름 산은 푸르고
가을 산은 붉으니라
험!

儒家龜鑑

유가귀감 8

도는 성에서 나온 것인데
도만 말하고 성을 말하지 않는다면
사람이 도의 근본을 알지 못하고
도는 교에 의하여 밝혀지는 것인데
도만 말하고 교를 말하지 않는다면
사람이 도의 공용을 알지 못한다.
그러므로 도라고 하는 이 한 글자는
성과 교를 아우르고 있으며
그 근본을 살피면
반드시 천명으로 돌아가는 것이다.
대학의 삼강과 팔목[7]도
이것을 벗어난 것이 아니다.

道由性而出 言道而不言性 則人不知道之本
原 道由教而明 言道而不言教 則人不知道之
功用 故道之一字 包性包教 推其本原 必歸
之天命 大學之三綱八目 亦不外乎是也

---

[7] 대학(大學)의 삼강(三綱)과 팔목(八目) : 『대학』은 유교 경전으로서 『논어』, 『맹자』, 『중용』과 함께 사서(四書)라고 불린다. 『대학』에서는 그 수행의 방법으로 삼강과 팔목을 밝히고 있다. 삼강은 명명덕(明明德), 친민(親民), 지어지선(止於至善)의 세 강령을 말한다. 팔목은 격물(格物), 치지(致知), 성의(誠意), 정심(正心), 수신(修身), 제가(齊家), 치국(治國), 평천하(平天下)의 여덟 조목을 말한다.

대원선사 결문
大圓禪師 決文

비유해 말하면
성이 가없는 무색의 보석이라면
도란 그 가없는 무색의 보석이 지니고 있는
찬란한 빛이고
교란 그 빛의 실체와 씀을 가르쳐 주는 것이다.
천명이란 성의 다른 이름이며
삼강과 팔목이란 그 씀이다.
이 실체와 씀을 알고 싶은가?

물이란 흘러야 살아있는 물이고
초목은 서 있어야 살아있는 것이며
법이란 바로 써야 살아있는 법일세

儒家龜鑑

유가귀감 9

『주역』에서는 도를 먼저 말하고
뒤에 성을 말하였으니
여기에서 도라고 한 글자
이것은 전체[8]가 온통인 태극을 말한 것이다.
자사는 먼저 성을 말하고
뒤에 도를 말하였으니
여기에서 도라고 한 글자는
온통인 태극에 갖추어진 것이다.

周易先言道而後言性　此道字　是統體一太極
子思先言性而後言道　此道字各具一太極

8　전체 : 원문의 '통체(統體)'는 전체, 온통, 전부라는 뜻으로
　　쓰이는 상용구이다.

함 없는 함인 무위의 작용이라야
이 장에서 말한 진실한 도라 할 수 있다.
이 도를 알고 싶은가?

경부선은 부산과 서울간의 고속도로이고
호남선은 목포와 서울간의 고속도로이며
영동선은 강릉과 서울간의 고속도로이다

대원선사 결문
大圓禪師 決文

儒家龜鑑

유가귀감 10

세상에서 도라고 말하는 것은
높다 한 즉 허황하여 믿을 수 없는 데[9]에
든 것이요
낮은 즉 모양과 기운에 머문 것이기에
오늘날 '도'라고 말하는 글자는
성품을 따르는 것이 못 된다.

世之言道者 高則入於荒唐 卑則滯於形氣 今
言道字非他循性之謂也

---

[9] 원문의 '황당(荒唐)'은 '허황하여 믿을 수 없다.'라는 뜻을 가지고 있다.

대원선사 결문
大圓禪師 決文

실증에 사무치게 함이 없이
언어와 형식에 떨어져 있게 하는 가르침은
성품을 따르는 것이 못 된다.
그러므로 태양 앞에 가까운 얼음은
빨리 녹는 법이다.
위대한 선각자 가까이 있으면서
그 가르침을 받아 실행한다면
어찌 자아 완성인 큰 깨달음을 이루지 못하랴.
그 깨달음을 이루고 싶은가?

하지는 낮이 가장 긴 때이고
동지는 밤이 가장 긴 때일세
험!

儒家龜鑑

유가귀감 11

경계하고 두려워함은
하늘의 이치를 보전하여 지키려는 것이니
기미[10]가 아직 움직이기 이전의 경(敬)이며
혼자일 때를 삼간다는 것은
사람의 하고자 하는 바를 단속하여 막는 것이니
기미가 이미 움직인 뒤의 경이다.
그러므로 군자의 마음에는
항상 공경함과 두려워함이 있다.

戒懼是保守天理 幾未動之敬也 愼獨是檢防人欲 幾已動之敬也 故君子之心 常存敬畏

---

10 기미(幾微) : 낌새. 어떤 유형적(有刑的)인 사건이 일어나려고 하는 징조.

대원선사 결문
大圓禪師 決文

여기의 기미가 움직이기 이전의 경이란
만상이 전개된 후 태극의 상태이니
선가(禪家)의 선정을 말한 것이다.
이 선정을 흐트러짐 없이 쓰는 이가 성인들이며
군자는 이 씀을 이루기 위해서
경계하고 두려워하며 닦는 이들이다.
이 하늘의 이치를 알고 싶은가?

서산에 지는 해는 붉디붉고
동산에 솟는 달은 노랑이며
날아가는 백로는 희디희네

儒家龜鑑 유가귀감 12

혼자일 때를 삼가는 것은
한 생각이 일어난 때의 공부이고
경계하고 두려워함은
한 생각이 일어나기 이전의 공부이다.
그러나 생각이 일어나지 않음을 알아채자마자
이미 일어난 것이므로 일치한 것이 못 되니
일치한 즉 천지만물과 한 몸이 된다.

謹獨一念已發時工夫 戒懼 一念未發前工夫
然纔知未發 便是已發 卽不中 中則天地萬物
爲一體

대원선사 결문
大圓禪師 決文

세상 사람들이 혼자 있다고 생각하는 것은
참으로 모르는 말이다.
삼세 모든 성현들과 상면해 있는 것이다.
그러므로 삼가고 경계해야 한다.
이 글귀의 말미에
일치한 즉 천지만물과 한 몸이 된다고 한 것은
곧 비추고 씀이 한때인 경지를 가리킨다.
이 경지를 알고 싶은가?

푸른 솔 사이에선 꾀꼬리 노래하고
호숫가 실버들 어우러져 춤추니
우리도 차나 들며 무현금(無絃琴)을 타자꾸나

儒家龜鑑
유가귀감 13

어두운 즉 귀신이 있고
밝은 즉 해와 달이 있다.
이 역시 혼자인 때를
삼가라는 한 글귀이다.

幽則有鬼神 明則有日月 此亦謹獨一句

대원선사 결문
大圓禪師 決文

어두운 즉 귀신이 있다고 했는데
어두움이 귀신을 있게 한 것이다.
이런 어리석음을 초월하여
항상 지혜로운 삶을 영위하고 싶은가?

서산에 붉은 해 걸쳐 있고
돛단배 노을 타고 돌아오는데
선창가엔 팔짱 낀 아낙네일세

儒家龜鑑

유가귀감 14

함양[11]은 정(靜)의 공부이니
한 주인공이 엄숙하게 주재하는 것이고
성찰은 동(動)의 공부이니
정념이 일어나자마자
곧 알아채서 다스리는 것이다.
그러므로 '밝고도 면밀하게 살피고
한결같이 지킨다.' 라고 말한 것이다.
즉, 그것은 이른바 저 하늘의 밝은 명령을
공경하여 받아서 순리대로 행하는 것이다.[12]

涵養靜工夫 一箇主宰嚴肅也 省察動工夫 情念纔發覺治也 故曰精以察之一以守之 卽所謂顧諟天之明命

---

11 함양(涵養) : 함양은 학문과 식견을 넓혀서 심성을 닦는다는 뜻인데, 여기서는 덕(德)을 기르는 것을 말한다.
12 원문의 '고시(顧諟)'는 '공경하여 받아서 순리대로 행하다.' 라는 뜻을 가지고 있다.

이 구절에서 말한 함양 즉 정의 공부는
육근(六根) 중 어느 하나를 택해서
마음의 눈으로 관조하는 수행을 말한다.
또한 성찰 즉 동의 공부는
정념이 일어나자마자
곧 알아채서 다스리는 것이다.
어찌해야 함양과 성찰을 체득할꼬?

하늘은 높푸르고
배꽃밭은 하얗다
험!

대원선사 결문
大圓禪師 決文

儒家龜鑑
유가귀감 15

온통인 마음에서 방일하면
곧 제멋대로 날뛰어
돌아가 머물 곳이 없느니라.

心一放 卽悠悠蕩蕩 無所歸着

대원선사 결문
大圓禪師 決文

온통인 마음에서 방일하여
방탕한 지경에 이르르게 되면
갈 곳이란 삼도(三途)[13]뿐인데
이곳에 떨어지면 벗어날 길이 거의 없다.
그러므로 이런 지경에 이르른 이는
오직 성인의 이끎을 만나 그 지도에 따라야만
구제될 수 있는 것이다.
구제되고 싶은가?

눈 속의 동백꽃은 더욱 붉고
녹음 속 백목련은 희디희며
노을에 물든 동해, 황금일세

---

13 삼도(三途) : 삼악도(三惡途)라고도 한다. 지옥(地獄), 아귀(餓鬼), 축생(畜生)을 말한다.

儒家龜鑑
유가귀감 16

마음은 반드시 조심해야 하고
뜻은 반드시 참되어야 하며
말은 반드시 정중해야 하고
행동은 반드시 삼가야 하나니
이는 안과 밖을 서로 닦는 도이다.

心必操 意必誠 言必謹 動必愼 內外交修之道

대원선사 결문
大圓禪師 決文

마음에 항상 바른 뜻을 세워
말과 행동으로 실천하면
업은 엷어지고 덕은 쌓여
그런 사람이 있는 곳은
조용한 화기(和氣)로 편안하다.
업은 없어지고 덕으로 가득한 세상을
낙원이라 한다.
이러한 낙원 속에 영원하고 싶은가?
그렇거든 모든 것의 근원이자
자신의 실체인 마음을 알아야 한다.
그 마음을 알고 싶은가?

삼사월 보리 고랑 바람은 푸르고
가을 산 단풍나무 바람은 붉으며
설야(雪夜)에 몰아치는 바람은 희도다

儒家龜鑑
유가귀감 17

"한 생각이 선하면
상서로운 구름이 광대해지고 별이 환히 밝으며
한 생각이 악하면
바람이 거세지고 비가 사납게 내린다."라고 한
이 한 글귀에 요·순과 걸·주[14]가 있으니
마음의 비고 신령함과 깨달아 앎이 하나이다.

一念之善 廣雲景星 一念之惡 烈風暴雨 堯舜桀紂 在此一句 然心之虛靈知覺 一而已矣

---

14 요·순과 걸·주(桀紂) : 요·순은 앞의 주에서 밝혔듯 성군(聖君)이며, 걸·주는 하나라의 걸왕과 은나라의 주왕으로 모두 폭군(暴君)이다.

대원선사 결문
大圓禪師 決文

착한 마음을 쓰면
착한 결과인 좋은 일이 있고
악한 마음을 쓰면
악한 결과인 궂은 일이 있는 것은 정해진 일이다.
그러므로 비고 신령함과 깨달아 앎인 마음을
항상 써야 한다.
그 마음을 알고 싶은가?

눈 밑 코는 누구나 조금 높고
등 뒤의 모든 벽은 섰으며
낮 퇴침은 저리도 정적하다

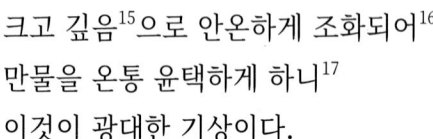

유가귀감 18
儒家龜鑑

크고 깊음[15]으로 안온하게 조화되어[16]
만물을 온통 윤택하게 하니[17]
이것이 광대한 기상이다.

渾厚包涵從容 是廣大之氣象

---

15 원문의 '혼후(渾厚)'는 '크고 깊이가 있다.'라는 뜻을 가지고 있다.
16 원문의 '포함(包涵)'은 만물을 한 쌈에 싸 윤택하게 한다는 뜻을 가지고 있다.
17 원문의 '종용(從容)'은 다음과 같은 뜻을 가지고 있다. ① 자연스럽고 태연한 모양. ② 행동거지. ③ 안온하게 조화되어 있음. 여기에서는 ③의 뜻으로 쓰였다.

대원선사 결문
大圓禪師 決文

이 구절은 나라고 하는 참나에 본유한 지덕이
삶과 조화된 자연스러운 기상을 말하고 있다.
이 넓고 가없이 큰 기상에 들고 싶은가?

청명한 가을 하늘 높푸르고
산기슭 들국화는 고고하며
계곡물 속 흰 구름 흘러간다

儒家龜鑑
유가귀감 19

독촉하여 닦달하거나, 치우쳐 답답하거나,
성미가 급하고 행동이 경솔한 것은
덕이 있는 기상이 아니다.

促迫偏窄輕躁 非有德之氣象

대원선사 결문
大圓禪師 決文

이 구절의 뜻은 치우치는 것을 경계함이다.
중도로써 도를 삼는다 하지 않았던가.
또한 정한 법이 없다고 부처님께서 말씀하셨듯이
때로는 치우침도 잘 쓰면 법이 되지만
아무리 바른 법도 바르게 쓰지 못하면
병폐를 낳는 법이다.
덕 있는 기상의 실체를 알고 싶은가?

금강산이 여름엔 봉래산이고
봉래산이 겨울엔 개골산이며
개골산이 봄에는 금강산일세

儒家龜鑑 유가귀감 20

욕심을 없애면 마음이 고요하고
마음이 고요하면 일이 저절로 간소해진다.

省欲則心靜 心靜則事自簡

대원선사 결문
大圓禪師 決文

욕심은 모든 재앙의 어머니이다.
그러기에 불타께서 물건을 탐하는 것은
마의 권속이라고 했다.
욕심 없이 고요한 마음에 이르면
만사에 바른 지혜로 임하게 되고
바른 지혜로 임한 일은 그르침이 없다.
바른 지혜의 실체를 알고 싶은가?

백로는 눈처럼 희디희고
까마귀는 숯처럼 검디검고
꾀꼬리는 금처럼 노랗다

儒家龜鑑
유가귀감 21

말을 적게 하고 침묵하는 것이 가장 묘하다.
도를 알면 말이 저절로 간결해진다.

少言沈黙最妙 知道則言自簡

대원선사 결문
大圓禪師 決文

침묵은 광명이다.
침묵은 보배창고이다.
왜냐하면 침묵 없이는
명상의 극치에 이르를 수 없고
명상의 극치 없이는
깨달음에 이르를 수 없기 때문이다.
또한 깨달음을 통해서만이
깊은 진리의 보배가 쏟아져 나오기 때문이다.
그 보배창고를 보고 싶은가?

앞집 개 백구의 꼬리이고
낮을 알린 장닭의 소리이며
겨울날 기침의 김이로다

儒家龜鑑
유가귀감 22

말을 삼가는 것은
학문하는 이의 첫째가는 공부이다.
말을 삼가지 않고서
마음을 간직하는 자는 드물다.

謹言 乃爲學第一工夫 言不謹 而能存心者鮮矣

대원선사 결문
大圓禪師 決文

부처님께서는 입을 허물의 문이라 했다.
그 허물의 문을 학문하는 사람이
삼가지 않을 수 있겠는가.
첫째도 삼가고 둘째도 삼가고
셋째도 삼가야 할 것이다.
그리하여 금구성언(金口聖言)이 되도록 하면
끝내는 입을 열 때마다
모든 사람에게 해탈을 이루게 할 것이다.
어떤 것이 해탈인고?

듣는 곳을 비추어 보아라
어느 날 제 무릎을 치는 날
스스로 웃음으로 알 것일세

儒家龜鑑
유가귀감 23

말을 많이 하는 것은
사람의 마음을 가장 들뜨게 하고
기운을 또한 상하게 하여
꿈속에서까지 정신을 불안하게 한다.

多言 最使人心流蕩 而氣亦損 夢寐精神亦不安

대원선사 결문
大圓禪師 決文

성현의 책을 보고
그 속의 좋은 말을 입에 올리는 것이
나도 이롭고, 남도 이롭게 하는 지름길이다.
알겠는가?

시성(詩聖)인 도연명은 남산을 바라봤고
영산회상 부처님은 연꽃을 들었으며
양무제 때 부대사는 주장자를 쳤다네

儒家龜鑑
유가귀감
24

조금이라도 방심할라치면[18]
곧 정신을 차리고[19]
문득 말을 할라치면
과묵할 것[20]을 생각하라.

纔舒放 卽當收斂 纔言語 便思簡黙

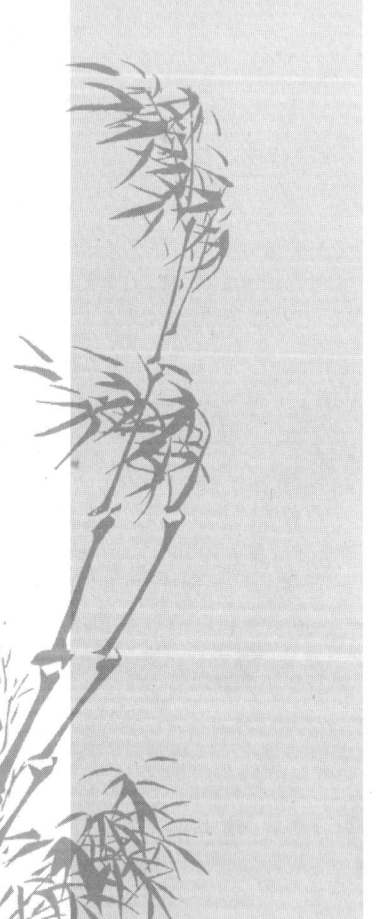

---
18 원문의 '서방(舒放)'은 다음과 같은 뜻을 가지고 있다. ① 방치. 방종. 방심. 자포자기. ② 심신을 풀어놓을 때, 이완할 때. ③ 퍼뜨리다. 여기에서는 ①의 뜻으로 쓰였다.
19 원문의 '수렴(收斂)'은 다음과 같은 뜻을 가지고 있다. ① 몸을 단속함. 근신. ② 정신을 차림. ③ 거두어들임. 여기서는 ②의 뜻으로 쓰였다.
20 원문의 '간묵(簡黙)'은 '과묵'과 같은 뜻으로 말수가 적은 것을 뜻한다.

대원선사 결문
大圓禪師 決文

마음이 흐트러지지 않고 과묵하기 위해서는
사람을 만났을 때 해야 할 일에 관한 말만 하고
그 외의 시간에는 조용히 명상을 하든가
또는 움직이면서 하는 명상을 하는 것이
좋은 방편이 된다.
알겠는가?

물은 파도가 멈추면 맑아지고
하늘은 바람이 그치면 높푸르며
마음은 어지럽지 않으면 명철하다

儒家龜鑑 유가귀감 25

절대 한 생각일지라도 망령되게 일으키지 않고
한마디 말이라도 망령되게 하지 않으면
허물은 거의 없어진다.

必使一念不妄起 一言不妄發 庶乎寡過

대원선사 결문
大圓禪師 決文

생각이 깊지 못한 사람일수록
즉흥적이고
생각이 깊은 사람일수록
모든 일에 깊이 생각한 후 실행에 옮긴다.
그러나 우리는 대부분
신중해야 한다는 것을 알면서도
실천하지 못하는 경우가 많다.
한 생각, 한마디 말이라 할지라도
안으로 살핀 후 실행에 옮겨서
그르치는 일이 없도록 해야 할 것이다.
알겠는가?

돌다리도 두들기고 건너라고 하였고
아는 길도 물어보고 가라고 했으며
능한 일도 생각한 후 행하라고 하였네

儒家龜鑑
유가귀감 26

남의 허물을 듣거든
마치 부모의 이름을 듣는 것과 같이
귀로 듣기만 하고
입으로는 말하지 말라.

聞人過失 如聞父母之名 耳可聞而口不可言

대원선사 결문
大圓禪師 決文

『초발심자경문』에도
"오늘 내게 남의 말을 하는 이는
돌아가서 내 말을 다른 이에게 할 수 있다."
라고 했다.
좋은 말은 들어 배우고, 좋지 않은 말은
듣는 즉시 아주 비워버리는 것이 상책이다.
알겠는가?

옛 분들은 그른 말엔 귀를 씻고
그른 일엔 봉사가 된다 했다
오늘날 귀감 삼을 일일세

儒家龜鑑
유가귀감 27

하루 종일 시비하는 자가 있더라도
듣지 않으면 자연히 없어진다.
와서 옳으니 그르니 하는 자가
곧 이 시비하는 자이다.

是非終日有 不聽自然無 來說是非者 便是是非人

설사 들을 수밖에 없는 경우라서 들더라도
바로 비워버려야 한다.
속으로 명상을 하는 것도 좋은 방편이 된다.
알겠는가?

시비를 거드는 일 없으려면
삼종병자[21] 되는 게 상책이니
그러기에 침묵은 금이라 했네

대원선사 결문
大圓禪師 決文

---

21 삼종병자(三種病者) : 귀먹고, 눈멀고, 벙어리인 이를 말한다.

儒家龜鑑 유가귀감 28

곁의 사람을 대할 때에는
엄격하면서 인자해야 한다.
곁의 사람이 하는 말을 가벼이 믿지 말고
반드시 그 사실을 살펴보아야 한다.

待左右 當嚴而惠 左右之言 不可輕信 必審
其實

대원선사 결문
大圓禪師 決文

높고 낮음 없는 겸손한 공경을
모든 사람에게 행하고
모든 사람의 말은 살피고 잘 살펴서
지혜롭게 수용해야 한다.
알겠는가?

진리는 어디서나 일체에 평등하며
본래의 마음에는 이상 이하 없는데
그렇게 못하는 그것이 병폐라네

儒家龜鑑
유가귀감 29

친애하는 사람의 말일지라도
역시 한쪽만 들어서는 안 된다.
만일 한쪽 말만 듣게 된다면
곧 서로 헤어지게 된다.

親愛之言 亦不可偏聽 若聽一面說 便見相離別

마음을 쓰는 데 있어서 항상 저울대와 같이 하면
뒤가 어지럽지 않은 법이다.
알겠는가?

무정인 저울대도 평등하고
잡초도 물을 나눠 먹는데
영장인 사람으론 당연사네

대원선사 결문
大圓禪師 決文

儒家龜鑑
유가귀감 30

가벼이 말하고 가벼이 행동하는 사람과는
더불어 깊이 의논하지 말라.
쉽게 기뻐하고 쉽게 성내는 사람과도
역시 그와 같이 하라.

輕言輕動之人 不可與深計 易喜易怒者亦然

대원선사 결문
大圓禪師 決文

옳은 말이지만 또한 간과해서는
안 되는 것이 있다.
그러한 사람들에게 멀리하는 것을
나타내서도 안 된다.
그러기에 중도로써 도를 삼으라 했다.
알겠는가?

무정한 금, 보석도 깊이 있고
불로초도 눈에 잘 안 띄는데
사람의 맘, 가볍게 드러내랴

儒家龜鑑
유가귀감 31

남이 듣지 않게 하려는 것은
말하지 않느니만 못하고[22]
남이 알지 못하게 하려는 것은
행하지 않느니만 못하니라.

欲人無聞 莫若勿言 欲人無知 莫若勿爲

---

22 원문의 '약물(若勿)'은 '~보다 못하다.'라고 새겨진다.

대원선사 결문
大圓禪師 決文

두 말 하면 잔소리이다
남이 들으면 안 될 말을 왜 하며
남이 알면 안 될 일을 왜 할 것인가.
이런 말을 하고 이런 일을 하는 사람은
이 사회를 어지럽히는 사람이다.
이런 사람은 덕이 높은 분이거나
위신력을 지닌 성현이 아니고서는
구제하기 어렵다.
알겠는가?

돕는 일은 모두가 실행하고
해가 될 일, 모두가 하지 말며
빛이 될 일, 모두가 권장하세

儒家龜鑑

유가귀감 32

대장부의 마음 씀은
맑은 하늘의 밝은 해와 같아서
사람들로 하여금 깨달아 보게 한다.

大丈夫心事 當如靑天白日 使人得而見之

대원선사 결문
大圓禪師 決文

대장부의 마음 씀은
모든 사람이 본받아 실행할 만한 것이어야 한다.
알겠는가?

장부는 앞과 뒤가 일치하고
겉과 속이 다르지 않으며
그 책임을 다하는 분이다

儒家龜鑑 유가귀감 33

사치와 화려함은 사람의 큰 허물이고
순박하고 꾸밈없이 정직함은 사람의 큰 덕이다.

奢侈華麗 人之大惡 淳朴質直 人之大德

대원선사 결문
大圓禪師 決文

소인배는 밖으로 꾸미기를 좋아하고
대인은 자기 공은 감추고 남의 공을 칭찬한다.
그리고 일상이 항상 정직하고 순박하다.
알겠는가?

바르니 정직할 것이고
순박하니 꾸밈이 없어서
대하면 조용하고 편하다

儒家龜鑑
유가귀감
34

옛날의 성현들은 때가 되어서야 말했기에
사람들이 그 말을 싫어하지 않았고
즐거운 가운데 웃었기에
사람들이 그 웃음을 싫어하지 않았으며
이치에 맞아야 취했기에
사람들이 그 취함을 싫어하지 않았다.

古賢時然後言 人不厭其言 樂然後笑 人不厭
其笑 義然後取 人不厭其取

대원선사 결문
大圓禪師 決文

할 때에 이르러 하는 말은 금과 같은 말이거니
어느 누가 싫다 하랴.
그런 분의 취함이라면 만인을 위한 것이리니
누가 반겨하지 않으랴.
웃는 얼굴로 이치에 맞아야 취하는 분이라면
곧 남을 위한 일이 자신을 위한 일이란 것을
아는 이라 할 것이다.
알겠는가?

베풀면 뭉치게 되어 있고
뭉치면 큰 힘을 발휘하며
큰 힘은 뜻 이루는 대들보다

儒家龜鑑 유가귀감 35

군자는 행함에 얻지 못하더라도
모든 것에 자기를 돌이켜볼 뿐
남을 꾸짖는 마음이 없으므로
마음이 항상 씻은 듯이 상쾌하지만
보통 사람은 하늘에서 얻지 못할라치면
곧 하늘을 원망하고
사람과 뜻이 맞지 않을라치면
곧 사람을 원망하므로
마음이 항상 편치 못하여
분하고 성이 나서 괴롭고 어지럽다.

君子 行有不得 皆反諸己 而無責人之心 心
常洒落 常人 纔不得於天卽怨天 纔不合於人
卽尤人 心常不寧 忿懥勞擾

대원선사 결문
大圓禪師 決文

원인 없는 결과란 없다.
가령 삼생을 훤히 꿰뚫어 보고 안다면
사실 자신이 짓지 않은 바가 없다.
그러므로 학문이 높고 덕행을 하는 분은
어떠한 경우에라도 남을 탓하지 않는다.
알겠는가?

스스로가 지어서 스스로가 받고 있고
원망은 원망의 높은 담을 쌓으니
모든 일을 지혜롭게 살펴서 해야 하네

儒家龜鑑
유가귀감 36

사람이 밖의 물질에 흔들리면
그는 천박한 사람이다.

人爲外物所動者 只是淺

대원선사 결문
大圓禪師 決文

군자는 이치로써 자신의 마음을 다스리고
성현은 당초에 상을 보지 않아
무위(無爲)의 함을 짓는다.
그러기에 세상 모든 사람이 본받으려 하는 것이다.
알겠는가?

물질에 마음 두면 어지럽고
욕심을 비우면 편안하며
무위의 함에 들면 낙원일세

儒家龜鑑 유가귀감 37

사람이 재능이 있음을 드러내면 역시 천박하니 깊은 사람은 드러내지 않는다.

人有才而露 亦是淺 深則不露

대원선사 결문
大圓禪師 決文

금은 깊고 깊은 곳에 들어 있고
진주는 드러내지 않은 인내의 결실이다.
그리하여 세상에 나오면 소중한 보화가 된다.
알겠는가?

지혜는 안으로 관조함에 깊어지고
깊고 깊은 지혜는 광명을 이루며
그 광명은 세상을 평화롭게 만든다

儒家龜鑑
유가귀감 38

식견과 도량[23]이 크면
비방과 칭찬, 기쁨과 슬픔이
그 마음을 흔들지 못한다.

識量大 則毀譽欣慼 不足以動其心

---
23 식견과 도량 : 원문의 '식량(識量)'은 식도(識度)와 같은 뜻
  으로 식견과 도량 혹은 뛰어난 생각과 큰 도량이라는 뜻을
  가지고 있다.

대원선사 결문
大圓禪師 決文

물외(物外)의 마음으로 사는 사람은
어떠한 칭찬과 비방으로도 흔들 수 없다.
그런 경지가 되기 위해서는
명상이나 선(禪) 수행으로 욕심을 비우고
물아일체(物我一体)인 경지를 체득해서
지혜로 일상을 짓는 사람이 되어야 한다.
이러한 사람은 지옥에 살더라도
그곳이 낙원이 된다.
그렇게 되고 싶은가?

밤에는 발밑 땅은 안 보이고
먼 하늘의 별들은 잘 보이며
소리에는 낮과 밤이 없다네

儒家龜鑑 유가귀감 39

성인의 마음은
사물에 응함이 쉼에 즉해서
본래 조금도 움직임이 없다.

聖人之心 應物卽休 元不少動

대원선사 결문
大圓禪師 決文

『금강경』에 '취할 상이 당초 없어
이러-하고 이러-히 움직임 없게 하라.'
라는 말이 있다.
성인들이 이 세상을 사는 것은
마치 꿈속에서 꿈인 줄 아는 사람이
꿈나라에 사는 것과 같다.
그래서 성인들은 바깥 물질경계를
부리고 즐길 뿐 탐내는 마음이 없다.
알고 싶은가?

물거품은 파도에서 생기고
먼지는 바람으로 일어나며
싸움은 욕심에서 시작된다

儒家龜鑑
유가귀감 40

마음이 순수하고 얼굴빛이 온화하며
기운이 평온하고 말이 유순하면
반드시 사람을 감응시킨다.

心誠色溫氣和辭婉 必能動人

대원선사 결문
大圓禪師 決文

속담에 말이 고우면 천 냥 빚도 갚는다는 말이 있지 않은가.
말이란 항상 바르고 겸손해야 한다.
바르고 겸손하면 그 사람을 믿고 따르는 법이다.
그리고 아무리 절세미인이라 할지라도
악한 마음과 근심으로 가득 차 있으면 보기 흉하고
못생겼어도 선한 마음과 기쁨으로 가득 차 있으면
보기 좋다.
마음이 순수하면 기운이 평온하고
기운이 평온하면 몸이 건강해서
병마에 시달리는 일이 없게 된다.
몸과 마음이 영원히 건강하고 평온하고 싶은가?

거북이는 모래 위에 기어가고
흰 구름은 산정에 한가하며
수평선에 배 한 척, 섬이로세

儒家龜鑑 유가귀감 41

오직 바른 것만이 사람을 감복시킨다.
그러므로 바른 것으로 해서
차라리 부족할지언정
삿됨으로 해서
넉넉하지는 말아야 한다.

惟正可以服人 故寧可正而不足 不可邪而有餘

대원선사 결문
大圓禪師 決文

바른 것은 재산 중에 가장 으뜸가는 재산이다.
바르고 마음이 넉넉한 사람은 남을 해하지 않고
남을 해하는 일이 없는 세상은 평온하다.
그렇게 되기 위해서는
가장 가까운 곳부터 알아야 한다.
때로는 정직하고 때로는 사특한,
갖은 생각을 발하는,
가장 가까운 그 실체를 알고 싶은가?

육조는 자면서도 칼 면하고
석봉은 불 끄고도 글 썼으며
노자는 팔십에야 출태했다

儒家龜鑑
유가귀감 42

그 뜻을 바르게 할 뿐 이익을 꾀하지 말 것이며
그 도를 밝힐 뿐 공(功)을 도모하지 말라.

正其義 不謀其利 明其道 不計其功

이익을 꾀하는 사람이 뜻이 바를 수 없고
공을 도모하는 사람이 도를 알 리 없다.
언제나 세상은 도에 밝고 뜻이 바른 사람을
필요로 한다.
그런 사람이 되고 싶은가?

선혜는 두 그루의 틈에 살고
달마는 소림굴에서 지냈으며
포대는 처마 밑에서 열반했네

대원선사 결문
大圓禪師 決文

儒家龜鑑 유가귀감 43

한 가지 행실에 실수가 있으면
백 가지 행실로도 회복하기 어렵다.
그러므로 결과를 막는 것은 그 근본에 있다.

一行有失 百行難補 故防末在本

대원선사 결문
大圓禪師 決文

첫걸음의 한 치가 어긋나면
걸으면 걸을수록 그 어긋남이 커지듯
사람의 실수가 앞길에 장애가 되는 것도
그와 같다.
그렇거니 어찌 매사에
주의하고 또 주의하지 않을 것인가.
알겠는가?

대인은 이치에 부당하면 작은 것도 하지 않고
이치에 옳은 것은 작다 해도 실천으로 행하며
인내로 도 닦기를 환자가 약 대하듯 하느니라

儒家龜鑑
유가귀감 44

사람들은 흔히 쾌락한 일에서 도를 잊는다.

人多於快意之事 忘却道

대원선사 결문
大圓禪師 決文

아무리 좋은 일이라 할지라도
그 경계에만 몰입하여 즐긴다면
자신도 모르는 사이에 방탕하게 된다.
그러므로 쾌락 속에 도리가 있어야 하고
도리 속의 쾌락이어야 한다.
도리 속의 쾌락, 쾌락 속의 도리를
누리는 사람이 되고 싶은가?

사람 인(人)자를 한 일(一)자가 꿰면 큰 대(大)자이고
석 삼(三)자를 뚫을 곤(丨)자가 꿰면 임금 왕(王)자이며
두 이(二)자를 사람 인(人)자가 꿰면 하늘 천(天)자일세

儒家龜鑑
유가귀감 45

정치하는 사람은
먼저 아랫사람의 형편을
환히 아는 것이 중요하고
일을 처리함에는
특히 마음이 공평하고 기운이 온화해야 한다.

爲政 通下情爲急 處事 尤宜心平氣和

대원선사 결문
大圓禪師 決文

민주주의 국가의 정치하는 사람이라면
나라와 국민을 잘 보살펴 부국·안민하는
그 본분을 다하기 위해 노력을 기울여야 할 것이다.
그런데 요즘 이 나라 정치인들은
오직 당리·당략에 혈안이 되어 있을 뿐 아니라
자당 내에서까지 서로 더 나은 자리를 차지하기 위해
흠집내기와 모략으로 혈투하는 것이 다반사이니
이 나라를 어디로 끌고 가자는 것인지 알 수가 없다.
진정한 정치인이라면
자당은 물론이요 타당의 주장이라도
국가와 국민에게 도움이 되는 일이라면
과감히 손을 들어 주는 기개를 가져야 할 것이다.
참으로 이 구절은 시대를 초월해서
모든 정치인들이 가슴 속 깊이 새겨 실천해야 할
덕목이다.
알겠는가?

장부는 눈앞보다 내일을 생각하고
현인은 이익보다 도리를 생각하며
성현은 생명들의 안녕만을 생각한다

儒家龜鑑 46

일은 무엇보다 경솔히 해서는 안 된다.
비록 아무리 작고 쉬운 일이라 해도
모두 신중히 처리해야 한다.

事最不可輕忽 雖至微至易者 皆當以愼重處之

대원선사 결문
大圓禪師 決文

천 리 길도 한 걸음으로 시작된다.
한 걸음이 잘못되면 끝내는 천 리, 만 리 어긋나니
첫 단추를 바로 꿰어야
남은 모든 단추를 바르게 꿸 수 있는 법이다.
알겠는가?

급하고 또 급하다 할지라도
그 일의 질서를 찾아 하라
그러면 그르칠 일 없으리라

儒家龜鑑 유가귀감 47

남의 선(善)을 보거든 자신의 선을 찾고
남의 악(惡)을 보고든 자신의 악을 찾아라.
따르는 것과 고치는 것이 모두 나의 스승이
된다.

見人善 尋己善 見人惡 尋己惡 從也改也 俱
爲我師

옛 분이 말하기를 좋은 일을 보거든
작은 것이라도 보고 배울 것이며
좋지 못한 일을 보거든
작은 것이라도 버리라 했다.
그렇게만 행하면 모두가 스승이 된다.
알겠는가?

돌에서는 강함을 배우고
물에서는 유순함을 배우며
공기에선 회복을 배운다네

대원선사 결문
大圓禪師 決文

儒家龜鑑
유가귀감 48

자신보다 나은 사람을 벗으로 삼아라.
나와 같은 이는 없느니만 못하다.
나를 비방하는 이는 스승이며
나를 칭찬하는 이는 도적이니라.

結朋須勝己 似我不如無 毀吾者師 譽吾者賊

대원선사 결문
大圓禪師 決文

먹물을 가까이하면 먹물이 묻는다 했던가?
그러기에 맹자의 어머니는
맹자를 가르치기 위하여
묘지 근방에서 시장 근방으로
시장 근방에서 학당 근방으로 이사를 했다.
자신보다 나은 사람을 가까이해야
배우는 것이 있을 게 아닌가?
이 말씀 명심해둘 말씀이다.
알겠는가?

입에 쓴 약, 몸에 좋은 약이고
귀에 쓴 말, 충언이라 했으며
매 속에 큰 사랑이 있느니라

儒家龜鑑
유가귀감 49

잘못은 잘못을 덮어 가리는 것만한 잘못이 없고 허물은 허물을 허물이 아닌 양 꾸미는 것만한 허물이 없다.[24]

非莫非於飾非 過莫過於文過

---

[24] 원문의 '문(文)'자에는 '허물을 허물이 아닌 양 꾸미다.'라는 뜻이 있다.

대원선사 결문
大圓禪師 決文

잘못을 보고도 덮는다면
속담에 바늘도둑이 소도둑 된다고
버릇이 되어 끝내는 큰 일을 저지를 수도 있다.
그런데 허물을 허물이 아닌 양
꾸미는 일이 있어서야 되겠는가.
알겠는가?

종기도 시작 때에 치료하고
나무도 시작 때에 잡아주듯
잘못도 시작 때에 잡아줘라

儒家龜鑑 유가귀감 50

덕으로 원한을 갚고, 선으로 악을 갚아라.
만약 누군가 얼굴에 침을 뱉으면
닦지 않아도 저절로 마르니라.

以德報寃 以善報惡 人若唾面 不拭自乾

대원선사 결문
大圓禪師 決文

잘못을 용서로 다스리고
악을 선으로 갚아서
이웃을 만드는 것보다
이 세상에 좋은 기여는 없다.
알겠는가?

악을 쌓은 집에는 재앙이 머무르고
선을 쌓은 집에는 경사가 머무르며
덕을 쌓은 집에는 안 되는 일 없느니라

儒家龜鑑 유가귀감 51

남의 속임을 알거든
말로 나타내지 말고
속뜻을 알기만 해라.[25]

覺人詐而不形於言 有餘味

---

25 원문의 '여미(餘味)'는 다음과 같은 뜻을 가지고 있다.
① 체험하다. ② 속뜻을 알아보다. ③ 음미하다. 여기에서는 ②의 뜻으로 쓰였다.

대원선사 결문
大圓禪師 決文

아는 것도 바로 드러내지 않고
시간을 두고 관조하게 되면
마치 조개가 진주를 이뤄내는 것과 같게 된다.
알겠는가?

시간은 요술사와 같아서
때로는 이뤄주다 없애며
울리다가 웃게도 하느니라

儒家龜鑑 유가귀감 52

사람은 말하는 것으로
수양의 얕고 깊음을 볼 수 있다.

卽人言可以見所養之淺深

대원선사 결문
大圓禪師 決文

수양이 깊으면 깊을수록 정직하고 순수해진다.
그리하여 천진하면서도 깊은 그 함은
범인으로서 알기 어렵다.
알겠는가?

단련해낸 황금의 그 빛도 밝지만
58각[26] 보석빛은 그보다 찬란하다
이렇게 무정물도 닦은 만큼 빛나네

---

26 58각 : 다이아몬드가 지닌 빛을 가장 아름답게 모두 발현되게
하려면 58각이어야 한다.

儒家龜鑑
유가귀감 53

만족할 줄 아는 이는
가난하고 천해도 즐겁고
만족할 줄 모르는 이는
부유하고 귀해도 근심한다.

知足者 貧賤亦樂 不知足者 當貴亦憂

대원선사 결문
大圓禪師 決文

욕심은 끝이 없다고 했다.
그러므로 항상 자신의 현 상황에서 자족하되
꾸준한 노력으로 전진하는 사람이 되어야 한다.
사회가 이러한 사람으로 채워질 때
불평과 혼란이 없는 살기 좋은 세상이 된다.
알겠는가?

천 길의 구덩이는 채워도
한 치 못된 사람의 마음을
다 채운 사람은 없느니라

儒家龜鑑
유가귀감 54

편안한 줄 아는 것이
곧 영화로운 것이고
만족할 줄 아는 것이
곧 부유한 것이다.

知安則榮 知足則富

대원선사 결문
大圓禪師 決文

일체가 마음으로 지은 바이기에
행복하고 불행한 것이 마음 먹기에 달려 있다.
이 54절에서 말하는 부유한 사람이 되고 싶은가?

보석은 분별 없이 빛 발하고
태양은 무심으로 기르며
성현은 바램 없이 구제한다

儒家龜鑑
유가귀감 55

사람은 백 살을 사는 사람이 없음에도 헛되이[27] 천 년의 계획을 세운다.

人無百歲人 枉作千年計

---

27 원문의 '왕작(枉作)'은 '쓸데없이 세운다.', '허망하게 세운다.' 라는 뜻을 가지고 있다.

대원선사 결문
大圓禪師 決文

이 구절에서 말하는 천 년의 계획이란
그릇된 계획을 말하는 것이다.
만약 그릇된 계획이 아니라면
오히려 멀리 더 멀리 내다보고
계획을 세워야 하는 것이다.
그렇게 하지 못하는 데에서
항상 제자리걸음 속에 살게 된다.
알겠는가?

소인은 코 앞만을 생각하고
대인은 백 년 후를 계획하며
성현은 영원함을 계획한다

儒家龜鑑 유가귀감 56

천 칸의 큰 집에 살아도
밤마다 눕는 자리는 여덟 자이고
만 이랑의 좋은 밭을 가졌어도
날마다 먹는 것은 두어 되뿐이다.

大廈千間 夜臥八尺 良田萬頃 日食二升

56절의 뜻을 마음에 새겨
넓은 마음으로 덕을 베풀며 살아야 한다.
그러지 못하면 금방석을 바늘방석으로 살 것이요
넓은 마음으로 덕을 베풀며 살면
바늘방석을 금방석으로 누릴 것이다.
알겠는가?

누구나 빈 손으로 왔다가
모두 다 빈 손으로 가는 법
좋은 인(因)을 심어 좋은 과(果)를 받을진저

대원선사 결문
大圓禪師 決文

儒家龜鑑 유가귀감 57

사람들은 모두 주옥을 좋아하지만
나는 어진 스승과 벗을 사랑한다.

人皆愛珠玉 我愛賢師友

대원선사 결문
大圓禪師 決文

인명(人命)이 풀 끝의 이슬 같거늘
주옥인들 다를 것 있으랴.
그러나 어진 스승과 벗은
좋은 인을 짓게 해서 좋은 과보(果報)를 받게 한다.
알겠는가?

팥 심은 데 팥 나는 법이고
콩 심은 데 콩 나는 법이니
좋은 인은 좋은 과를 낳느니라

儒家龜鑑
유가귀감 58

황금 천 냥도 귀한 것이 못 되니
남에게서 듣는 한마디 말이 천금보다 낫다.

黃金千兩未爲貴 得人一語勝千金

대원선사 결문
大圓禪師 決文

황금이란 사람의 마음을 방자하게도
또는 방탕하게도 하지만
한마디 좋은 말은 지혜를 낳고
그 지혜는 어려운 난관을 잘 극복하게 하며
삶 자체를 슬기롭게 한다.
알겠는가?

백 년간 탐한 물건 하루아침 티끌 되고
삼 일 닦은 마음은 천 년의 보배 되네
수행의 말, 서로 전해 낙원을 이룩하세

儒家龜鑑 유가귀감 59

그 이름을 굳은 돌에 새길 필요가 없다.
길 가는 사람들의 입이 곧 비석이다.

有名不用鐫頑石 路上行人口是碑

평상시에 차별 없는 덕을 베푸는 삶으로 일관하면
비(碑)를 세우지 않아도
오고 가는 사람들의 입에서 입으로 전해진다.
알겠는가?

보석은 무심해도 빛이 나고
덕이란 말 안 해도 알게 되니
덕으로 뭉친 곳이 낙원일세

대원선사 결문
大圓禪師 決文

儒家龜鑑 유가귀감 60

평생에 눈살 찌푸릴 일을 하지 않으면
세상에 응당 이를 가는 사람이 없을 것이다.

平生不作皺眉事 世上應無切齒人

신분을 막론하고 모든 사람을
존경하는 마음으로 대하며 사는 것보다
안전하고 편하게 사는 방편은 없다.
알겠는가?

존경을 받으려면 존경하라
물심으로 베풀면 받으리라
이것이 덕인의 삶이니라

대원선사 결문
大圓禪師 決文

儒家龜鑑 유가귀감 61

가난하면 시끄러운 장바닥에 살아도
아는 체 하는 이가 없고
부유하면 깊은 산에 살아도
먼 친척이 찾아온다.

貧居鬧市無相識 富住深山有遠親

대원선사 결문
大圓禪師 決文

그러나 오히려 우리 사회가
안정되고 평화롭게 되려면
가난한 사람과 어려운 일에 처한 사람들을
찾아서 도와야 한다.
알겠는가?

유무정(有無情)을 막론하고 다툼은
양극으로 시작되는 것이니
물처럼 낮은 곳을 채워라

儒家龜鑑 유가귀감 62

매사에 인정을 남겨두면
뒤에 서로 만나 보기 좋으리라.
만일 남이 나를 소중히 여기기를 바라거든
먼저 내가 남을 소중히 여기는 것보다
나은 것이 없다.

凡事留人情 後來好相見 若要人重我 無過我重人

대원선사 결문
大圓禪師 決文

속담에 가는 말이 고와야
오는 말이 곱다 하지 않았는가.
매사가 베푼 대로 받는 것이 진리이다.
알겠는가?

콩 심은 데 팥 나는 일 없으며
팥 심은 데 콩 나는 일 없나니
내가 먼저 소중히 여길진저

儒家龜鑑 유가귀감 63

손님이 찾아와
어떻게 인생을 다스려야 하느냐고 하면
항상 마음바탕에서 살피는 것을
자손들에게 남겨주어 가꾸도록 하라고
말하리라.

有客來相訪 如何是治生 恒存方寸地 留與子孫耕

그 가정과 나라가 잘 되기 위해서는
2세들을 올곧은 덕인으로 잘 교육시켜
내놓는 것보다 더 나은 것이 없다.
알겠는가?

올바른 교육 받은 인성이면
매사를 신중하게 행해서
서로가 좋은 결과 있게 한다

대원선사 결문
大圓禪師 決文

儒家龜鑑
유가귀감 64

자식이 되어서는 효도를 위해서 죽고
신하가 되어서는 충성을 위해서 죽어라.
사람으로서 충성하고 효도하는 마음이 없으면
그 밖에는 더 볼 것이 없느니라.

爲子死孝 爲臣死忠 人無忠孝之心 其餘不足
觀也

대원선사 결문
大圓禪師 決文

효도와 충성은
가정과 국가를 경영하는 데 있어서 근본이 된다.
효도가 있는 가정은
화목과 평온이 있고
충성이 있는 나라는
부국강병(富國强兵)하여 태평을 누리게 된다.
알겠는가?

맹종은 죽순 꺾어 효를 했고
계백은 나라 위해 몸 바쳤다
효충 없는 나라는 망하니라

儒家龜鑑 유가귀감 65

마음은 성(性)과 정(情)을 통솔한다.
그러므로 군자는 마음을 지니되
밝게 비추어 살펴서 평형을 유지하여[28]
천지와 더불어 그 덕을 같이한다.

心統性情 君子存心 恒若鑑空衡平 與天地合
其德

---

[28] 원문의 '감공형평(鑑空衡平)'은 '밝게 비추어 살펴서 평형을
유지한다.'라는 뜻을 가진 사자성어이다.

대원선사 결문
大圓禪師 決文

마음 성품을 깨달으면 지혜가 생기고
깨친 지혜로 부려 쓰면 그릇됨이 없다.
그러므로 그 마음 씀은 곧 거울과 저울대 같아
사사로움이 없다.
알겠는가?

마음의 성(性)과 정(情)이란
바닷물과 짠맛 같아
나누어진 개체가 아닐세

儒家龜鑑
유가귀감 66

아, 석 달 동안 음식 맛을 잊고
하루 종일 어리석은 사람과 같았으니
이는 성현의 안을 잊은 낙이요
황제의 집이라도 귀하게 여기지 않고
더러운 골목이라도 천하게 여기지 않으니
이는 성현의 밖을 잊은 낙이다.
그렇다면 성현의 즐거움은
안에 있는 것도 밖에 있는 것도 아니니
마땅히 어느 곳에 있다 하랴.

於戱 三月忘味終日如愚 此聖賢忘內之樂也
不貴黃屋不賤陋巷 此聖賢忘外之樂也 然則
聖賢之樂 不在內外 當在何處

대원선사 결문
大圓禪師 決文

안에도 밖에도 있지 않은 즐거움의 실체,
그 마음을 알고 싶은가?

구름은 백학으로 날아가고
녹음 속 꾀꼬리들 노래하며
매미들 오케스트라 합주하네

儒家龜鑑
유가귀감 67

옛 시인은 솔개와 물고기를 보다가
드러남이 없는 도 자체와
광대한 도의 효용을 알았고[29]
성인은 냇물의 흐름을 보고
도의 쉬지 않음을 알았거니
지금의 학자는
어찌 마음을 극진히 하지 않을꼬.

古之詩人 觀鳶魚 而知道之費隱 聖人 觀川
流 而知道之不息 今之學者其可不盡心乎

---

[29] 원문의 '비은(費隱)'은 성인의 도는 그 효용이 광대하여 두루 미치나 그 자체는 은미(隱微)하여 드러나지 않는 것을 말한다.

대원선사 결문
大圓禪師 決文

보는 것을 보아
도 자체와 그 효용을 알게 되었고
마음 근원에만 사무쳐 있던 성인이
물 흐르는 것을 보고 무위의 함을 알았듯이
요즘의 학자들도 경계를 임해
자신의 실체를 관조하는 일에 노력해야 할 것이다.
알겠는가?

보는 자체 비춰보아 사무쳐라
안팎 없는 그 자체 빈 것이나
응하여 부족함이 없을 걸세

儒家龜鑑 유가귀감 68

문왕의 시에 '하늘은 소리도 없고
냄새도 없다.' 하였고
자사도 역시 이를 인용하여
『중용』의 이치에 결부시켰으니
아! 이는 곧 나의 혼연하여
발하기 이전의 일치함이며
또 이는 주무숙이 '태극이 본래 무극이다.'
라고 이른 바이다.

文王之詩無聲無臭之天 子思子亦引之以結
中庸之義 吁 卽吾渾然未發之中也 此 周茂
叔所謂 太極本無極也

대원선사 결문
大圓禪師 決文

하늘은 소리도 없고 냄새도 없으며
긴 것도 짧은 것도 아니며
있고 없는 것에도 속하지 않는 마음이니
삼라만상과 허공계까지라도
그 능력의 소산이다.
알겠는가?

무극에서 태극이 있었고
태극에서 음양이 있었으며
혼연한 데서 음양이 누리 냈네

부록 1

불조정맥

불조정맥

인도

교조 석가모니불 (教祖 釋迦牟尼佛)
 1 조 마하가섭 (摩訶迦葉)
 2 조 아난다 (阿難陀)
 3 조 상나화수 (商那和脩)
 4 조 우바국다 (優波毱多)
 5 조 제다가 (堤多迦)
 6 조 미차가 (彌遮迦)
 7 조 바수밀 (婆須密)
 8 조 불타난제 (佛陀難堤)
 9 조 복타밀다 (伏馱密多)
10조 파율습박(협) (波栗濕縛, 脇)
11조 부나야사 (富那夜奢)
12조 아나보리(마명) (阿那菩堤, 馬鳴)
13조 가비마라 (迦毗摩羅)
14조 나가르주나(용수) (那闕羅樹那, 龍樹)
15조 가나제바 (迦那堤波)
16조 라후라타 (羅睺羅陀)
17조 승가난제 (僧伽難提)
18조 가야사다 (迦耶舍多)

19조 구마라다 (鳩摩羅多)
20조 사야다 (闍夜多)
21조 바수반두 (婆修盤頭)
22조 마노라 (摩拏羅)
23조 학륵나 (鶴勒那)
24조 사자보리 (師子菩堤)
25조 바사사다 (婆舍斯多)
26조 불여밀다 (不如密多)
27조 반야다라 (般若多羅)
28조 보리달마 (菩堤達磨)

중국

29조 신광 혜가 (2 조 神光 慧可)
30조 감지 승찬 (3 조 鑑智 僧璨)
31조 대의 도신 (4 조 大醫 道信)
32조 대만 홍인 (5 조 大滿 弘忍)
33조 대감 혜능 (6 조 大鑑 慧能)
34조 남악 회양 (7 조 南嶽 懷讓)
35조 마조 도일 (8 조 馬祖 道一)
36조 백장 회해 (9 조 百丈 懷海)
37조 황벽 희운 (10조 黃檗 希雲)

38조 임제 의현 (11조 臨濟 義玄)
39조 흥화 존장 (12조 興化 存奬)
40조 남원 혜옹 (13조 南院 慧顒)
41조 풍혈 연소 (14조 風穴 延沼)
42조 수산 성념 (15조 首山 省念)
43조 분양 선소 (16조 汾陽 善昭)
44조 자명 초원 (17조 慈明 楚圓)
45조 양기 방회 (18조 楊岐 方會)
46조 백운 수단 (19조 白雲 守端)
47조 오조 법연 (20조 五祖 法演)
48조 원오 극근 (21조 圓悟 克勤)
49조 호구 소륭 (22조 虎丘 紹隆)
50조 응암 담화 (23조 應庵 曇華)
51조 밀암 함걸 (24조 密庵 咸傑)
52조 파암 조선 (25조 破庵 祖先)
53조 무준 사범 (26조 無準 師範)
54조 설암 혜랑 (27조 雪岩 慧郞)
55조 급암 종신 (28조 及庵 宗信)
56조 석옥 청공 (29조 石屋 淸珙)

한국

57조 태고 보우 (1 조 太古 普愚)
58조 환암 혼수 (2 조 幻庵 混脩)
59조 구곡 각운 (3 조 龜谷 覺雲)
60조 벽계 정심 (4 조 碧溪 淨心)
61조 벽송 지엄 (5 조 碧松 智儼)
62조 부용 영관 (6 조 芙蓉 靈觀)
63조 청허 휴정 (7 조 淸虛 休靜)
64조 편양 언기 (8 조 鞭羊 彦機)
65조 풍담 의심 (9 조 楓潭 義諶)
66조 월담 설제 (10조 月潭 雪霽)
67조 환성 지안 (11조 喚醒 志安)
68조 호암 체정 (12조 虎巖 體淨)
69조 청봉 거안 (13조 靑峰 巨岸)
70조 율봉 청고 (14조 栗峰 靑杲)
71조 금허 법첨 (15조 錦虛 法沾)
72조 용암 혜언 (16조 龍巖 慧言)
73조 영월 봉율 (17조 詠月 奉律)
74조 만화 보선 (18조 萬化 普善)
75조 경허 성우 (19조 鏡虛 惺牛)
76조 만공 월면 (20조 滿空 月面)
77조 전강 영신 (21조 田岡 永信)
78대 대원 문재현 (22대 大圓 文載賢)

부록 2

대원 문재현 선사님
인가 내력

대원 문재현 선사님 인가 내력

제 1 오도송

이 몸을 끄는 놈 이 무슨 물건인가?
골똘히 생각한 지 서너 해 되던 때에
쉬이하고 불어온 솔바람 한 소리에
홀연히 대장부의 큰 일을 마치었네

무엇이 하늘이고 무엇이 땅이런가
이 몸이 청정하여 이러-히 가없어라
안팎 중간 없는 데서 이러-히 응하니
취하고 버림이란 애당초 없다네

하루 온종일 시간이 다하도록
헤아리고 분별한 그 모든 생각들이
옛 부처 나기 전의 오묘한 소식임을
듣고서 의심 않고 믿을 이 누구인가!

此身運轉是何物
疑端汩沒三夏來
松頭吹風其一聲
忽然大事一時了

何謂靑天何謂地
當體淸淨無邊外
無內外中應如是
小分取捨全然無

一日於十有二時
悉皆思量之分別
古佛未生前消息
聞者卽信不疑誰

대원 문재현 선사님의 스승이신 불조정맥 제77조 조계종(曹溪宗) 전강(田岡) 대선사님께서 1962년 대구 동화사의 조실로 계실 당시 대원 문재현 선사님께서도 동화사에 함께 머무르고 계셨다.
하루는, 전강 대선사님께서 대원 선사님의 3연으로 되어 있는 제1오도송을 들어 깨달은 바는 분명하나 대개 오도송은 짧게 짓는다고 말씀하셨다. 이에 대원 선사님께서는 제1오도송을 읊은 뒤, 도솔암을 떠나 김제들을 지나다가 석양의 해와 달을 보고 문득 읊었던 제2오도송을 일러드렸다.

제 2 오도송

해는 서산 달은 동산 덩실하게 얹혀 있고
김제의 평야에는 가을빛이 가득하네
대천이란 이름자도 서지를 못하는데
석양의 마을길엔 사람들 오고 가네

日月兩嶺載同模
金提平野滿秋色
不立大千之名字
夕陽道路人去來

제2오도송을 들으신 전강 대선사님께서는 이에 그치지 않고 그와 같은 경지를 담은 게송을 이 자리에서 즉시 한 수 지어볼 수 있겠냐고 하셨다. 대원 선사님께서는 곧바로 다음과 같이 읊으셨다.

바위 위에는 솔바람이 있고
산 아래에는 황조가 날도다
대천도 흔적조차 없는데
달밤에 원숭이가 어지러이 우는구나

岩上在松風
山下飛黃鳥
大千無痕迹
月夜亂猿啼

 전강 대선사님께서는 위 송의 앞의 두 구를 들으실 때만 해도 지그시 눈을 감고 계시다가 뒤의 두 구를 마저 채우자 문득 눈을 뜨고 기뻐하는 빛이 역력하셨다.
 그러나 전강 대선사님께서는 여기에서도 그치지 않고 다시 한 번 물으셨다.
 "대중들이 자네를 산으로 불러내고 그중에 법성(향곡 스님 법제자인 진제 스님. 동화사 선방에 있을 당시에 '법성'이라 불렸고, 나중에 '법원'으로 개명하였다.)이 달마불식(達磨不識) 도리를 일러보라 했을 때 '드러났다'라고 답했다는데, 만약에 자네가 당시의 양무제였다면 '모르오'라고 이르고 있는 달마 대사에게 어떻게 했겠는가?"
 대원 선사님께서 답하셨다.
 "제가 양무제였다면 '성인이라 함도 서지 못하나 이러-히 짐의 덕화와 함께 어우러짐이 더욱 좋지 않겠습니까?' 하며 달마 대사의 손을 잡아 일으 켰을 것입니다."
전강 대선사님께서 탄복하며 말씀하셨다.
"어느새 그 경지에 이르렀는가?"
"이르렀다곤들 어찌 하며, 갖추었다곤들 어찌 하며, 본래라곤들 어찌 하리까? 오직 이러-할 뿐 인데 말입니다."
대원 선사님께서 연이어 말씀하시자 전강 대선 사님께서 이에 환희하시니 두 분이 어우러진 자 리가 백아가 종자기를 만난 듯, 고수명창 어울리 듯 화기애애하셨다.

달마불식 공안에 대한 위의 문답은 내력이 있는 것이다. 전강 대선사님께서 대원 선사님을 부르 기 며칠 전에, 저녁 입선 시간 중에 노장님 몇 분 만이 자리에 앉아있을 뿐 자리가 텅텅 비어 있었 다고 한다.
대원 선사님께서 이상히 여기고 있던 중, 밖에서 한 젊은 수좌가 대원 선사님을 불렀다. 그 수좌 의 말이 스님들이 모두 윗산에 모여 기다리고 있 으니 가자고 하기에 무슨 일인가 하고 따라가셨 다.

그러자 그 자리에 있던 법성 스님이 보자마자 달마불식 법문을 들고 이르라고 하기에 지체없이 답하셨다.
"드러났다."
곁에 계시던 송암 스님께서 또 안수정등 법문을 들고 물으셨다.
"여기서 어떻게 살아나겠소?"
대뜸 큰소리로 이르셨다.
"안·수·정·등."
이에 좌우에 모인 스님들이 함구무언(緘口無言)인지라 대원 선사님께서는 먼저 그 자리를 떠나 내려와 버리셨다.
그 다음날 입승인 명허 스님께서 아침 공양이 끝난 자리에서 지난 밤 입선시간 중에 무단으로 자리를 비운 까닭을 묻는 대중 공사를 붙여 산 중에서 있었던 일들이 낱낱이 드러나고 말았다. 그리하여 입선시간 중에 자리를 비운 스님들은 가사 장삼을 수하고 조실인 전강 대선사님께 참회의 절을 했던 일이 있었다.
전강 대선사님께서는 이때에 대원 선사님께서 달마불식 도리에 대해 일렀던 경지를 점검하셨던 것이다.

이런 철저한 검증의 자리가 있었던 다음 날, 전강 대선사님께서 부르시기에 대원 선사님께서 가보니 주지인 월산(月山) 스님께서 모든 것이 약조된 데에서 입회해 계셨으며 전강 대선사님께서는 곧바로 다음과 같이 전법게(傳法偈)를 전해주셨다.

전 법 게

부처와 조사도 일찍이 전한 것이 아니거늘
나 또한 어찌 받았다 하며 준다 할 것인가
이 법이 2천년대에 이르러서
널리 천하 사람을 제도하리라

佛祖未曾傳
我亦何受授
此法二千年
廣度天下人

덧붙여 이 일은 월산 스님이 증인이며 2000년까지 세 사람 모두 절대 다른 사람이 알게 하거나 눈에 띄게 하지 않아야 한다고 당부하셨다.

만약 그러지 않을 시에는 대원 선사님께서 법을 펴 나가는데 장애가 있을 것이라고 예언하셨다. 또한 각별히 신변을 조심하라 하시고 월산 스님에게 명령해 대원 선사님을 동화사의 포교당인 보현사에 내려가 교화에 힘쓰게 하셨다.
대원 선사님께서 보현사로 떠나는 날, 전강 대선사님께서는 미리 적어두셨던 부송(付頌)을 주셨으니 다음과 같다.

부 송

어상을 내리지 않고 이러-히 대한다 함이여
뒷날 돌아이가 구멍 없는 피리를 불리니
이로부터 불법이 천하에 가득하리라

不下御床對如是
後日石兒吹無孔
自此佛法滿天下

위의 송의 '어상을 내리지 않고 이러-히 대한다 함이여'라는 첫째 줄 역시 내력이 있는 구절이다. 전에 대원 선사님께서 전강 대선사님을 군산 은

적사에서 모시고 계실 당시 마당에서 홀연히 마주쳤을 때 다음과 같은 문답이 있었다.
전강 대선사님께서 물으셨다.
"공적(空寂)의 영지(靈知)를 이르게."
대원 선사님께서 대답하셨다.
"이러-히 스님과 대담(對談)합니다."
"영지의 공적을 이르게."
"스님과의 대담에 이러-합니다."
"어떤 것이 이러-히 대담하는 경지인가?"
"명왕(明王)은 어상(御床)을 내리지 않고 천하일에 밝습니다."
위와 같은 문답 중에 대원 선사님께서 답하신 경지를 부송의 첫째 줄에 담으신 것이다.

전강 대선사님께서 대원 선사님을 인가(印可)하신 과정을 볼 때 한 번, 두 번, 세 번을 확인하여 철저히 점검하신 명안종사의 안목에 탄복하지 않을 수 없으며 이에 끝까지 1초의 머뭇거림도 없이 명철하셨던 대원 선사님께 찬탄하지 않을 수 없다.
그리하여 법열로 어우러진 두 분의 자리가 재현된 듯 함께 환희용약하지 않을 수 없다.

이제 전강 대선사님과 약속한 2천년대를 맞이하였으므로 여기에 전법게를 밝힌다.
이로써 경허, 만공, 전강 대선사님으로 내려온 근대 대선지식의 정법의 횃불이 이 시대에 이어져 전강 대선사님의 예언대로 불법이 천하에 가득할 것이다.

부록 3

21세기에 인류가 해야 할 일

21세기에 인류가 해야 할 일

이 사람은 1962년 26세 때부터 21세기에 인류에게 닥칠 공해문제, 에너지문제를 예견하고 대체에너지(무한원동기, 태양력, 파력, 풍력 등) 개발과 '울 안의 농법'을 연구하고 그 필요성을 많은 이들에게 이야기해 왔습니다.

당시에는 너무 시대를 앞서가는 이야기여서인지 일반인들이 수용하지 못하고 오히려 불신의 눈으로 바라보며 이 사람의 법마저 의심하였습니다. 하지만 현대에 있어서는 이것이 인류가 해결해야 할 가장 절박한 사안이 되어 있습니다.

'사막화방지 국제연대'를 설립한 것도 현재 인류가 해결해야 할 가장 절박한 지구환경문제를 이슈화시키고 그 해결책을 제시하여 재앙에 직면한 지구촌을 살리기 위해서입니다.

'사막화방지 국제연대'에서 추진하고 있는 사막화 방지, 지구 초원화, 대체에너지 개발은 온 인류가 발 벗고 나서서 해야 할 일입니다.

첫째 사막화 방지에 있어서 기존에 해왔던 '나무 심기 사업'은 천문학적인 예산과 많은 인력을 동원하고도 극도로 황폐한 사막화된 환경을 되살리는 데 실패하였습니다.

그래서 이 사람은 사막화 방지에 있어서는 '사막

해수로 사업'을 새로운 방안으로 제시하였습니다. 사막 해수로 사업은 사막화된 지역에 수도관을 매설하여 바닷물을 끌어들여서 염분에 강한 식물을 중심으로 자연생태계를 복원하는 사업입니다. 이것은 나무심기 사업으로 심은 나무들이 절대적으로 물이 부족하여 생존할 수 없었던 문제를 해결할 수 있는, 현재로서는 유일한 해결책입니다.

그러나 '사막화방지 국제연대'의 목적은 사막이 확장되는 것을 방지하자는 것이지 사막 전체를 완전히 없애자는 것은 아닙니다. 인체에서 심장이 모든 피를 전신의 구석구석까지 골고루 보내어 살아서 활동하게 하듯이 사막은 오히려 지구의 심장 역할을 하는 중요한 곳이기 때문입니다. 그래서 21세기에 있어서는 다만 사막의 확장을 방지할 뿐 아니라 사막을 어떻게 운용하느냐를 연구해야 합니다.

사막에 바둑판처럼 사방이 막힌 플륨관 수로를 설치하여 동, 서, 남, 북 어느 방향의 수로를 얼마만큼 채우느냐 비우느냐에 따라, 사막으로부터 사방 어느 방향으로든 거리까지 조절하여, 원하는 지역에 비를 내리게 하고 그치게 할 수 있습니다. 철저히 과학적인 데이터에 의해 이렇게 사막을 운용함으로써 21세기의 지구를 풍요로운 낙원시대로 만들어가야 합니다.

둘째로 지구를 초원화할 수 있는 방안으로서 3년간의 실험을 통해, 광활한 황무지 지역을 큰 비용을 들이거나 많은 인력을 동원하지 않고도 짧은 시간 내에 초지로 바꿀 수 있는 식물을 찾아냈습니다.

그것은 바로 '돌나물'입니다. 돌나물은 따로 종자를 심을 필요가 없이 헬리콥터나 비행기로 살포해도 생존, 번식할 수 있으며, 추위와 더위, 황폐한 땅에서도 살아남을 수 있는 생명력과 번식력이 강한 식물입니다.

지구환경을 되살리는 초지조성 사업에 있어서 이것이 큰 도움이 되리라 생각합니다.

셋째의 대체에너지 개발에 있어서는 태양력, 파력, 풍력 등 1962년도부터 이 사람이 연구하고 얘기해왔던 방법들이 이미 많이 개발되어 실용화한 단계에 있습니다.

이 세 가지 일은 한 개인이나 한 국가가 할 수 있는 일이 아닙니다. 모든 국가가 앞장서서 전세계적인 사업으로 이루어져야 합니다. 모든 국가가 함께 한 기금조성이 이루어져야 하고 기금조성에 참여한 국가는 이 시스템에 의한 전면적인 혜택을 입을 수 있도록 해야 합니다.

인류 모두가 지혜를 모아 이 일에 전력을 다한다면 인류는 유사 이래 가장 좋은 시절을 맞이하게 될 것이며, 만약 이 일을 남의 일인 양 외면한다면 극한의 재앙을 면할 수 없을 것입니다.

이 사람이 오래 전부터 얘기해왔던 '울 안의 농법'은 이미 미국 라스베이거스(Las Vegas)에서 30층짜리 '고층 빌딩 농장'으로 구현되었습니다. 그렇게 크게도 운영될 수 있지만 각자 자신의 집에서 이루어지는 '울 안의 농법'도 필요합니다.

21세기에 있어서 또 하나 인류가 만일의 사태를 대비해서 연구, 추진해야 될 일이 있다면 바닷속에서의 수중생활, 수중경작입니다.

지구가 심하게 온난화될 경우, 공기가 너무 많이 오염될 경우, 바닷물이 높아져 살 땅이 좁아질 경우 등에 대비할 때, 인류는 우주에서의 삶보다는 바닷속에서의 삶을 준비해야 합니다. 왜냐하면 그것이 훨씬 수월하고 비용도 절감할 수 있기 때문입니다.

이렇게 깨달은 이는 이변적으로는 깨달음을 얻게 하여 영생불멸의 삶을 영위할 수 있도록 만인을 이끌어야 하며 사변적으로는 일반인이 예측할 수 없는 백 년, 천 년 앞을 내다보아 이를 미리 앞서 대비하도록 만인의 삶을 이끌어줘야 한다고 생각합니다.

불법의 뜻은 다만 진리 전수에만 있는 것이 아니니, 만인이 서로 함께 영원한 극락을 누릴 때까지 물심양면으로, 이사일여로 베풀어 교화해야 하기 때문입니다.

부록 4

가슴으로 부르는
불심의 노래

여기에 실린 것들은 모두 대원 문재현 선사님께서 직접 작사하신 곡들이다.

수행의 길로 들어서게끔 신심, 발심을 북돋아주는 곡으로부터 수행의 길로 접어든 이의 구도의 몸부림이 담겨있는 곡, 대승의 원력을 발해서 교화하는 보살의 자비심과 함께 낙원세계를 누리는 풍류를 그려놓은 곡까지 가사 한마디, 한마디가 생생하여 그 뜻이 뼛속 깊이 새겨지고 그 멋에 흠뻑 취하게 된다.

대원 문재현 선사님께서는 거칠고 말초적인 요즘의 노래를 듣고 이러한 정서를 순화시키고자, 또한 수행의 마음을 진작시키고자 하는 뜻에서 이 곡들을 작사하셨다.

가슴으로 부르는 불심의 노래 목록

1집
1. 서원가 172
2. 반조염불가 173
3. 소중한 삶 174
4. 석가모니불 175
5. 맹서의노래 176
6. 염원의 노래 177
7. 음성공양 178
8. 발심가 179
9. 자비의 품 180
10. 부처님 은혜1 181
11. 보살의 마음 182
12. 이생에해야할일 183
13. 구도의 목표 184
14. 님은 아시리 185
15. 부처님 은혜2 186
16. 성중성인 오셨네 187
17. 내 문제는 내가 풀자 188
18. 즐거운 밤 189
19. 관음가 190

2집
1. 부처님 191
2. 열반재일 192
3. 성도재일 193
4. 석굴암의 노래 194
5. 님의모습 195
6. 믿고 따르세 197
7. 신명을 다하리 198
8. 부처님께 바치는 마음 199
9. 감사합니다 200
10. 교화가 201
11. 섬진강 소초 203
12. 권수가1 204
13. 권수가2 206
14. 우란분재일 208
15. 고맙습니다 209
16. 믿음으로 여는 세상 210
17. 출가재일 211
18. 염원 212
19. 우리네 삶, 고운 수로 213
20. 숲속의 마음 214

기타 노래 목록

사색 215
천부경을 아시나요 216
보살가 217

반조 염불가

소중한 삶

작사 문재현
작곡 배신영
노래 홍노경

석가모니불

작사 문재현
작곡 배신영
노래 홍노경

국악가요

염원의 노래

작사 문재현
작곡 배신영
노래 홍노경

느리게

음성공양

작사 문재현
작곡 배신영
노래 홍노경

느리게

부처님 은혜 1

작사 문재현
작곡 배신영
노래 홍노경

보살의 마음

작사 문재현
작곡 배신영
노래 홍노경

느리게

이 생에 해야 할 일

작사 문재현
작곡 배신영
노래 홍노경

Trot Disco ♩= 140

세상사람 날찾는일 등한하지-만 생각들
번갯불이 스쳐가듯 가는한세- 상 맘닦아

해 보구려 그러할일이던 가 번갯불- 스쳐가듯-
긴 미래를 내마음내뜻대 로 대천세계 여저기서-

아- 아 무 상 한 한 세- 상
아- 아 풍 류 를 누 리 며

- 맘닦- 아 내낙원을 -
끝없- 는 구제의길 -

내이뤄 누리는일 아- 아 우리모-
자비로 실천할일 아- 아 우리모-

두 해야할일 이일뿐일세 해야할 일 이일뿐일
두 해야할일 이일뿐일세 해야할 일 이일뿐일

세 -
세 -

DS. all play

183

구도의 목표

작사 문재현
작곡 배신영
노래 홍노경

느리게

눈 뜨면 관음 우러러 보문을 따르며 - 하
루 하루를 최선 다하는 일에
언제나 떳떳한 불자로 서원코 큰 은혜 갚는 보살행 -
대자대비를 - 베풀어 어느때 어느곳 그 무엇 - 가리지 않는
이로 - 제일의 - 사표가 될 것을 목표로 삼 을
겁니다 아 아 사바의 세계가
다 하는 - 그 날 까 지

D.S.

Fine

님은 아시리

작사 문재현
작곡 배신영
노래 홍노경

Moderato ♩ = 100

사계 절의 풍광 인들 위로 되겠느니
같이 되지 않아 기도에 젖은

서사 시의 음률 인들 쉬어지겠느니 뜻과
이

마음 님은 아 시 리 한 세상 열
청춘의 모

정 쏟아 닦는 수행길 불보살님 출현하셔 베
든 욕망 사뤄 버리고 회광반조 촌각 아낀 열

푼 자비에 모 든 망상 모 든 번
정 쏟아서 이룬선정 그 효력

뇌 없었으면 좋으련만 마음대로 안되는게 수행이더
이 있었으면 좋으련만 마음대로 안되는게 보림이더

라 수행이더라 마음대로 안되는게 수행이더라 수행이더라
라 보림이더라

즐거운 밤

작사 문재현
작곡 배신영
노래 홍노경

Trot Disco ♩= 145

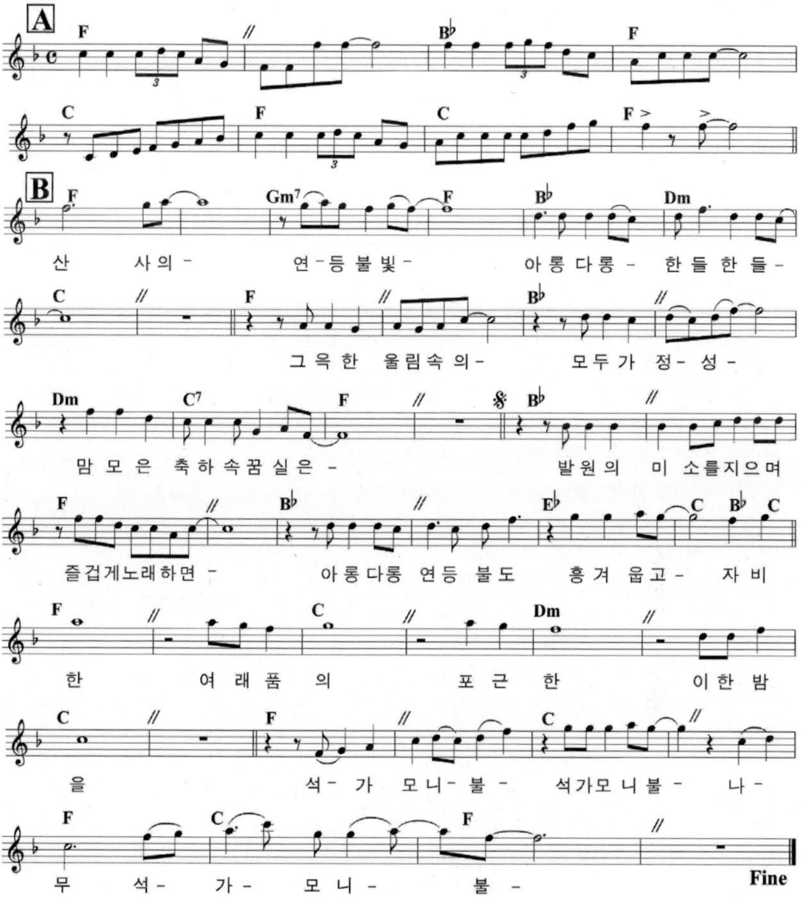
A
F
B♭
F
C
F
C
F
B
F
Gm7
F
B♭
Dm
산 사의 - 연 - 등 불 빛 - 아 롱 다 롱 - 한 들 한 들 -
C
F
B♭
그 윽 한 울림속 의 - 모 두 가 정 - 성 -
Dm
C7
F
B♭
맘 모 은 축 하 속 꿈 실 은 - 발 원 의 미 소 를 지 으 며
F
B♭
E♭
C
B♭
C
즐 겁 게 노 래 하 면 - 아 롱 다 롱 연 등 불 도 흥 겨 웁 고 - 자 비
F
C
Dm
한 여 래 품 의 포 근 한 이 한 밤
C
F
C
을 석 - 가 모 니 - 불 - 석 가 모 니 불 - 나 -
F
C
F
무 석 - 가 - 모 니 - 불 -
Fine

관 음 가

작사 문재현
작곡 배신영
노래 홍노경

부처님

성도재일

님의 모습

믿고 따르세

작사 문제현
작곡 배신영
노래 채연희

Dsico (double beat) ♩= 136

A F Dm Gm C F Dm Gm G F

B F
고- 해일-러 낙원이라 한 불보-살님그- 말씀 의
참- 나깨-친 밝은지혜로 선행-닦아사- 상없 는

B♭ F F Dm
진 실한경지 알려-거든 보고듣는 그곳향해
일 상의생활 이루-는날 고해일러 낙원이란

Gm C Dm C
명- 상하- 게 명 상-으로분- 별
말- 씀의- 뜻 내- 뜻-되- 어

E♭ C F Dm
망 상없-어지 고 고요로움 극해지면
큰웃음을- 껄껄짓 고 대장부로 삼계구할

Gm C F
불멸의 나깨-치 네
서원세워 행-하 리

Fine

신명을 다하리

작사 문재현
작곡 배신영
노래 채연희

Slow ♩ = 64 국악가요

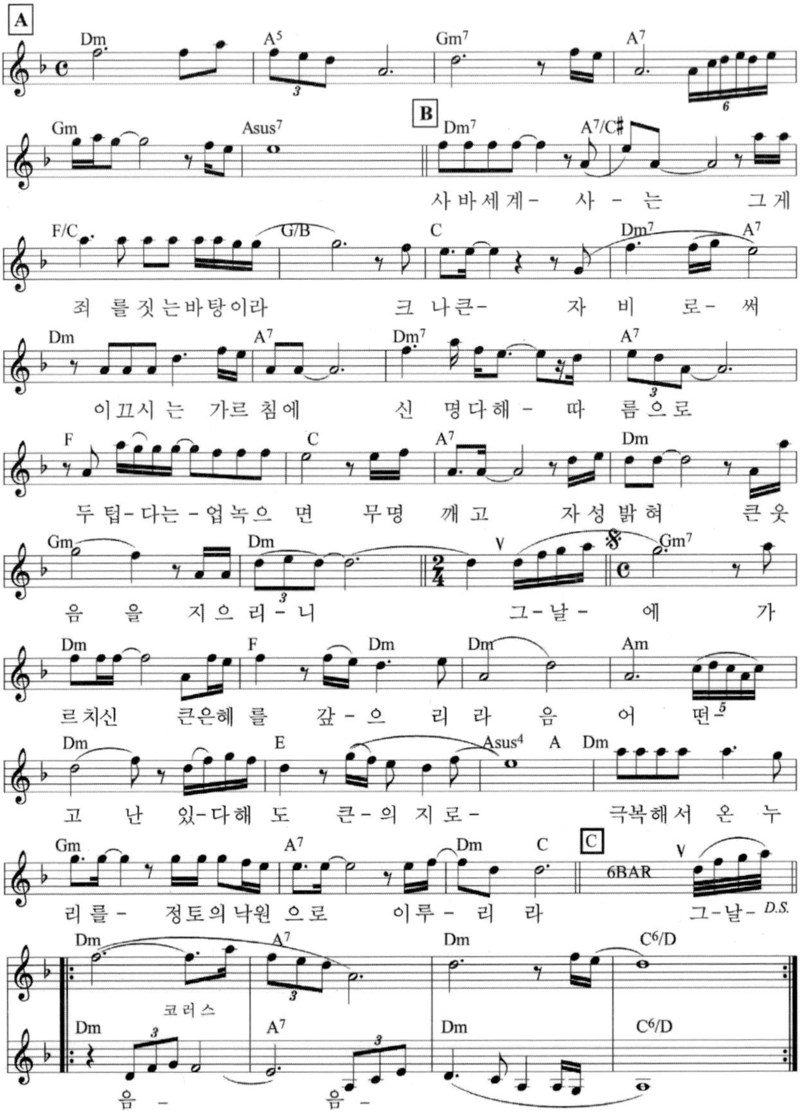

부처님께 바치는 마음

감사합니다

교 화 가

섬진강 소초

권수가 1

우란분재일

고맙습니다

작사 문재현
작곡 배신영
노래 채연희

믿음으로 여는 세상

출가재일

우리네 삶, 고운 수로

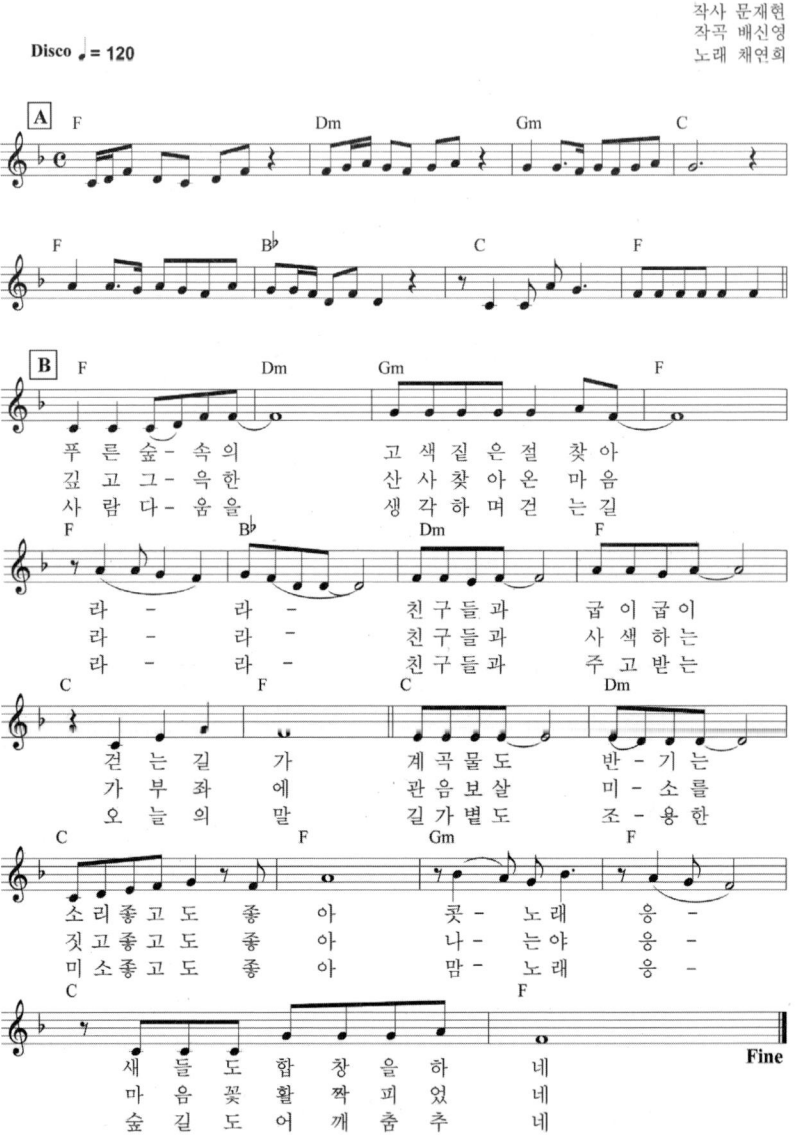

사 색

작사 대원 문재현
작곡 배신영

조용—히 눈—감고—서 참—나를살펴—봐요
조용—한 사—색으—로 깨—달아살펴—보면

갖은생각 모든행이 이로좇아있건만— 은
온갖지혜 모든덕이 이로좇아있—음— 에

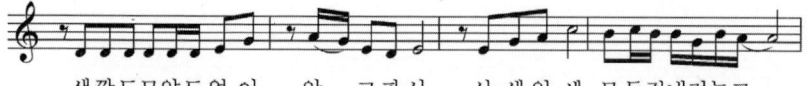
색깔도모양도없어 알—고파서 사색일세 모든걸내려놓고—
그능력베풀고펼쳐 누—리려고 수행일세 모두를다비우고—

쉬는시간사색으로 한걸음또한걸음 다가서는노력다해 기어이성취하여
님의자취따름으로 한걸음또한걸음 극락세계다가가서 기어이성취하여

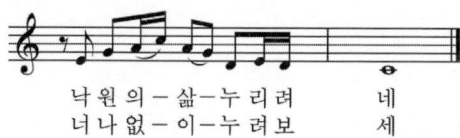
낙원의—삶—누리려 네
너나없—이—누려보 세

천부경을 아시나요

작사 대원 문재현
작곡 배신영

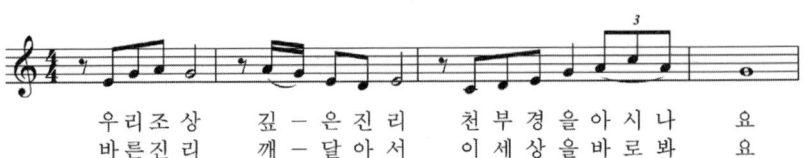

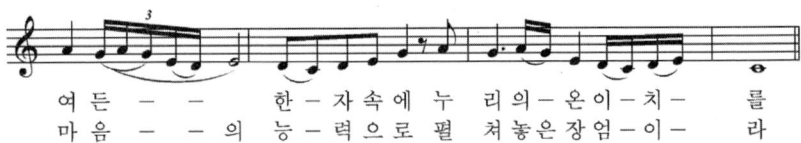

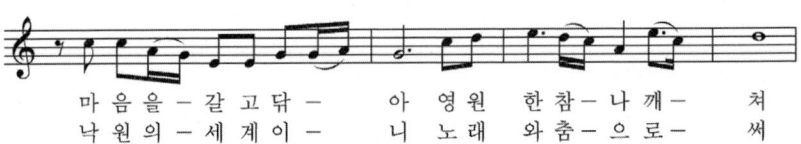

보 살 가

도서출판 문젠(Moonzen)의 책들

1~5. 바로보인 전등록 (전30권을 5권으로)

7불과 역대 조사의 말씀이 1,700공안으로 집대성되어 있는 선종 최고의 고전으로, 깨달음의 정수가 살아 숨쉬도록 새롭게 번역되었다.

464, 464, 472, 448, 432쪽.

각권 18,000원

6. 바로보인 무문관

황룡 무문 혜개 선사가 저술한 공안집으로 전등록, 선문염송, 벽암록 등과 함께 손꼽히는 선문의 명저이다.

본칙 48개와 무문 선사의 평창과 송, 여기에 역저자인 대원 문재현 선사의 도움말과 시송으로 생명과 같은 선문의 진수를 맛보여 주고 있다.

272쪽. 12,000원

7. 바로보인 벽암록

설두 선사의 설두송고를 원오 극근 선사가 수행자에게 제창한 것이 벽암록이다.

이 책은 본칙과 설두 선사의 송, 대원 문재현 선사의 도움말과 시송으로 이루어져, 벽암록을 오늘에 맞게 바로 보이고 있다.

456쪽. 15,000원

8. 바로보인 천부경

우리 민족 최고(最古)의 경전 천부경을 깨달음의 책으로 새롭게 바로 보였다. 이 책에는 81권의 화엄경을 81자에 함축한 듯한 천부경과, 교화경, 치화경의 내용이 함께 담겨 있으며, 역저자인 대원 문재현 선사가 도움말, 토끼뿔, 거북털 등으로 손쉽게 닦아 증득하는 문을 열어놓고 있다.

432쪽. 15,000원

9. 바로보인 금강경

대원 문재현 선사의 『바로보인 금강경』은 국내 최초로 독창적인 과목을 내어 부처님과 수보리 존자의 대화 이면의 숨은 뜻을 드러내고, 자문과 시송으로 본문의 핵심을 꿰뚫어 밝혀, 금강경 전체를 손바닥 안의 겨자씨를 보듯 설파하고 있다.

488쪽. 15,000원

10. 세월을 북채로 세상을 북삼아

대원 문재현 선사의 선시가 담긴 선시화집 『세월을 북채로 세상을 북삼아』는 선과 시와 그림이 정상에서 만나 어우러진 한바탕이다. 선의 세계를 누리는 불가사의한 일상의 노래, 법열의 환희로 취한 어깨춤과 같은 선시가 생생하고 눈부시게 내면의 소리로 흐른다.

180쪽. 15,000원

11. 영원한현실

애매모호한 구석이 없이 밝고 명쾌하여, 너무도 분명함에 오히려 그 깊이를 헤아리기 어려운, 대원 문재현 선사의 주옥같은 법문을 모아 놓은 법문집이다.

400쪽. 15,000원

12. 바로보인 신심명

신심명은 양끝을 들어 양끝을 쓸어버리는, 40대치법으로 이루어진, 3조 승찬 대사의 게송이다. 이를 대원 문재현 선사가 바로 번역하는 것은 물론, 주해, 게송, 법문을 더해 통쾌하게 회통하고 자유자재 농한 것이 이 『바로보인 신심명』이다.

296쪽. 10,000원

13~17. 바로보인 환단고기 (전5권)

『바로보인 환단고기』 1권은 민족정신의 정수인 환단고기의 진리를 총정리하여 출간하였다. 2권에는 역사총론과 태초에서 배달국까지 역사가 실려 있으며, 3권은 단군조선, 4권은 북부여에서부터 고려까지의 역사가 실려 있다. 5권에는 역사를 증명하는 부록과 함께 환단고기 원문을 실었다.

344・368・264・352・344쪽. 각권 12,000원

18~47. 바로보인 선문염송 (전30권)

선문염송은 세계최대의 공안집이다. 전 공안을 망라하다시피 했기에 불조의 법 쓰는 바를 손바닥 들여다보듯 하지 않고는 제대로 번역할 수 없다. 대원 문재현 선사는 전 공안을 바로 참구할 수 있게끔 번역하고 각 칙마다 일러보였다.

352 368 344 352 360 360 400 440 376 392
384 428 410 380 368 434 400 404 406 440
424 460 472 456 504 528 488 488 480 512쪽
각권 15,000원

48. 앞뜰에 국화꽃 곱고 북산에 첫눈 희다

대원 문재현 선사의 선문답집으로 전강·경봉·숭산·묵산 선사와의 명쾌한 문답을 실었으며, 중앙일보의 <한국불교의 큰스님 선문답> 열 분의 기사와 기자의 질문에 대한 대원 문재현 선사의 별답을 함께 실었다.

200쪽. 5,000원

49. 바로보인 증도가

선종사에 사라지지 않을 발자취로 남은 영가 선사의 증도가를 대원 문재현 선사가 번역하고 법문과 송을 더하였다.

자비의 방편인 증도가의 말씀을 하나하나 쳐가는 선사의 일갈이야말로 영가 선사의 본 의중과 일치하여 부합하는 것이라 아니할 수 없다.

376쪽. 10,000원

50. 바로보인 반야심경

이 시대의 야부(冶父)선사, 대원 문재현 선사가 최초로 반야심경에 과목을 붙여 반야심경 내면에 흐르는 뜻을 밀밀하게 밝혀놓고 거침없는 송으로 들어보였다.

264쪽. 10,000원

51~52. 선(禪)을 묻는 그대에게 (전10권 중 2권)

대원 문재현 선사의 선수행에 대한 문답집. 깨달아 사무친 경지에 대한 밀밀한 점검과, 오후보림에 대한 구체적인 수행법 제시와, 최초의 무명과 우주생성의 원리까지 낱낱이 설한 법문이 담겨 있다.

280쪽, 272쪽. 각권 15,000원

53. 바로보인 선가귀감

선가귀감은 깨닫고 닦아가는 비법이 고스란히 전수되어 있는 선가의 거울이라 할 만하다. 더욱이 바로보인 선가귀감은 매 소절마다 대원 문재현 선사의 시송이 화살을 과녁에 적중시키듯 역대 조사와 서산대사의 의중을 꿰뚫어 보석처럼 빛나고 있다.

352쪽. 15,000원

54. 바로보인 법융선사 심명

심명 99절의 한 소절, 한 소절이 이름 그대로 마음에 새겨두어야 할 자비광명들이다.
이 심명은 언어와 문자이면서 언어와 문자를 초월한 일상을 영위하게 하는 주옥같은 법문이다.
278쪽. 12,000원

55. 주머니 속의 심경

반야심경은 부처님이 설하신 경 중에서도 절제된 경으로 으뜸가는 경이다. 대원 문재현 선사의 선송(禪頌)도 그 뜻을 따라 간략하나 선의 풍미를 한껏 담고 있다. 하루에 한 소절씩을 읽고 참구한다면 선 수행의 지름길이 될 것이다.
84쪽. 5,000원

56. 바로보인 법성게

법성게는 한마디로 화엄경의 핵심부를 온통 훤출히 드러내놓은 게송이다. 짧은 글 속에 일체의 법을 이렇게 통렬하게 담아놓은 법문도 드물 것이다.
이렇게 함축된 법성게 법문을 대원 문재현 선사가 속속들이 밀밀하게 설해놓았다.
176쪽. 10,000원

57. 달다 - 전강 대선사 법어집

이제는 전설이 된 한국 근대선의 거목인 전강 선사님의 최상승법과 예리한 지혜, 선기로 넘쳤던 삶이 생생하게 담겨 있는 전강 대선사 법어집 < 달다 > !
전강 대선사님의 인가 제자인 대원 문재현 선사가 전강 대선사님의 법거량과 법문, 일화를 재조명하여 보였다.
368쪽. 15,000원

58. 기우목동가

그 뜻이 심오하여 번역하기 어려웠던 말계 지은 선사의 기우목동가!
대원 문재현 선사가 바른 뜻이 드러나도록 번역하고, 간결한 결문과 주옥같은 선송으로 다시 보였다.
146쪽. 10,000원

59. 초발심자경문

이 초발심자경문은 한문을 새기는 힘인 문리를 터득하게 하기 위하여 일부러 의역하지 않고 직역하였다.
대원 문재현 선사의 살아있는 수행지침도 실려 있다.
266쪽. 10,000원

60. 방거사어록

방거사어록은 선의 일상, 선의 누림을 보여주는 대표적인 선문이다. 역저자인 대원 문재현 선사는 방거사어록의 문답을 '본연의 바탕에서 꽃피우는 일상의 함'이라 말하고 있다. 법의 흔적마저 없는 문답의 경지를 온전하게 드러내 놓은 번역과, 방거사와 호흡을 함께 하는 듯한 '토끼뿔'이 실려 있다.
306쪽. 15,000원

61. 실증설

이 책의 모태는 대원 문재현 선사가 2010년 2월 14일 구정을 맞이하여 불자들에게 불법의 참뜻을 보이기 위해 홀연히 펜을 들어 일시에 써내려간 이 책의 3부이다. 실증한 이가 아니고는 설파할 수 없는 일구 도리로 보인 이 3부와 태초로부터 영겁에 이르는 성품의 이치를 문답과 인터뷰 법문으로 낱낱이 설한 1, 2를 보아 실증하기를…
224쪽. 10,000원

62. 하택신회대사 현종기

육조대사의 법이 중국천하에 우뚝하도록 한 장본인, 하택신회대사의 현종기. 세간에 지해종도로 알려져 있는 편견을 불식시키는 뛰어난 깨달음의 경지가 여기에 담겨있다. 대원 문재현 선사가 하택신회대사의 실경지를 드러내고 바로보임으로써 빛냈다.
232쪽. 10,000원

63. 불조정맥 - 韓·英·中 3개국어판

석가모니불로부터 현 78대에 이르기까지 불조정맥진영(佛祖正脈眞影)과 정맥전법게(正脈傳法偈)를 온전하게 갖춘 최초의 불조정맥서. 대원 문재현 선사가 다년간 수집, 정리하여 기도와 관조 끝에 완성한 『불조정맥』을 3개 국어로 완역하였다.

216쪽. 20,000원

64. 바른 불자가 됩시다

참된 발심을 하여 바른 신앙, 바른 수행을 하고자 해도, 그 기준을 알지 못해 방황하는 불자님들을 위해 불법의 바른 길잡이 역할을 하도록 대원 문재현 선사가 집필하여 출간하였다.

162쪽. 10,000원

65. 누구나 궁금한 33가지

21세기의 인류를 위해 모든 이들이 가장 어렵고 궁금해 하는 문제, 삶과 죽음, 종교와 진리에 대한 바른 지표를 제시하고자 대원 문재현 선사가 집필하여 출간하였다.

180쪽. 10,000원

66. 108진참회문 - 韓·英·中 3개국어판

전생의 모든 악연들이 사라져 장애가 없어지고, 소망하는 삶을 살게 하기 위해 대원 문재현 선사가 10계를 위주로 구성한 108 항목의 참회문이다. 한 대목마다 1배를 하여 108배를 실천할 것을 권한다.

170쪽. 15,000원

67. 달마의 일할도 허락지 않는다

대원 문재현 선사의 짧고 명쾌한 법문집. 책을 잡는 순간 달마의 일할도 허락지 않는 선기와 맞닥뜨리게 될 것이다. 때로는 하늘을 찌를 듯한 기세와, 때로는 흔적 없는 공기와도 같은 향기를 일별하기를…

190쪽. 10,000원

68. 마음대로 앉아 죽고 서서 죽고

생사를 자재한 분들의 앉아서 열반하고 서서 열반한 내력은 물론 그분들의 생애와 법까지 일목요연하게 수록해놓았다.

446쪽. 15,000원

69. 화두 - 韓·英·中 3개국어판

『화두』는 대원 문재현 선사의 평생 선문답의 결정판이다. 생생하게 살아있는 선(禪)을 한·영·중 3개국어로 만날 수 있다. 특히 대원 문재현 선사의 짧은 일대기가 실려 있어 그 선풍을 음미하는 데에 큰 도움을 주고 있다.

440쪽. 15,000원

70. 바로보인 간당론

법문하는 이가 법리를 모르고 주장자를 치는 것을 눈먼 주장자라 한다. 법좌에 올라 주장자 쓰는 이들을 위해서 대원 문재현 선사가 간당론에서 선리(禪理)만을 취하여 『바로보인 간당론』을 출간하였다.

218쪽. 20,000원

71. 완전한 우리말 불공예식법

부처님께 공양을 올리고 불보살님의 가피를 구하는 예법 등을 총칭하여 불공예식법이라 한다. 대원 문재현 선사가 이러한 불공예식의 본뜻을 살려서 완전한 우리말본 불공예식법을 출간하였다.

456쪽. 38,000원

72. 바로보인 유마경

유마경은 가히 불법의 최정점을 찍는 경전이라 할 것이니, 불보살님이 교화하는 경지에서의 깨달음의 실경과 신통자재한 방편행을 보여주는 최상승 경전이다. 대원 문재현 선사가 < 대원선사 토끼뿔 >로 이 유마경에 걸맞는 최상승법을 이 시대에 다시금 드날렸다.

568쪽. 20,000원

73. 실증설 5개국어판 - 韓·英·佛·西·中

대원 문재현 선사가 불법의 참뜻을 보이기 위해 홀연히 펜을 들어 일시에 써내려간 실증설! 실증한 이가 아니고는 설파할 수 없는 도리로 가득한 이 책이 드디어 영어, 불어, 스페인어, 중국어를 더하여 5개국어로 편찬되었다.

860쪽. 25,000원

74. 누구나 궁금한 33가지 3개국어판 - 韓·英·中

누구라도 풀어야 할 숙제인 33가지의 의문에 대한 답을 21세기의 현대인에게 맞는 비유와 언어로 되살린 『누구나 궁금한 33가지』가 한글, 영어, 중국어 3개국어로 출간되었다.

408쪽. 15,000원

75. 달마의 일할도 허락지 않는다 3개국어판 - 韓·英·中

대원 문재현 선사의 짧고 명쾌한 법문집인 『달마의 일할도 허락지 않는다』가 한글, 영어, 중국어 3개국어로 출간되었다. 전세계에서 유일하게 활선의 가풍이 이어지고 있는 한국, 그 가운데에서도 불조의 정맥을 이은 대원 문재현 선사가 살활자재한 법문을 세계로 전하고 있는 책이다.

308쪽. 15,000원

76~89. 화엄경 (전81권 중 14권)

대원 문재현 선사는 선문염송 30권, 전등록 30권을 모두 역해하여 세계 최초로 1,463칙 전 공안에 착어하였다. 이러한 안목으로 대천세계를 손바닥의 겨자씨 들여다보듯 하신 불보살님들의 지혜와 신통으로 누리는 불가사의한 화엄세계를 열어 보였다.

206, 256, 264, 278, 240, 288, 276, 224, 220, 236, 200, 208, 252, 231쪽. 각권 15,000원

90. 법성게 3개국어판 - 韓·英·中

법성게는 한마디로 화엄경의 핵심부를 훤출히 드러내놓은 게송으로 짧은 글 속에 일체법을 고스란히 담아 놓았다. 대원 문재현 선사의 통쾌한 법성게 법문이 한영중 3개국어로 출간되었다.

376쪽. 15,000원

91. 정법의 원류

『정법의 원류』는 불조정맥을 이은 정맥선원의 소개서이다. 정맥선원은 불조정맥 제77조 조계종 전강 대선사의 인가 제자인 대원 문재현 전법선사가 주재하는 도량이다. 『정법의 원류』를 통해 정맥선원 대원 문재현 선사의 정맥을 이은 법과 지도방편을 만날 수 있다.

444쪽. 20,000원

92. 바로보인 도가귀감

도가귀감은, 온통인 마음(一物)을 밝혀 회복함으로써, 생사를 비롯한 모든 아픔과 고를 여의어, 뜻과 같이 누려서 살게 하고자 한 도교의 뜻을, 서산대사께서 밝혀놓은 책이다. 대원 문재현 선사가 부록으로 도덕경의 중대한 대목을 더하고, 그 대목대목마다 결문(決文)하였다.

218쪽. 12,000원

법문 MP3를 주문판매합니다

부처님의 78대손이신 대원(大圓) 문재현(文載賢) 전법선사님의 법문 MP3가 나왔습니다. 책으로만 보아서는 고준하여 알기 어려웠던 선문(禪文)의 이치들이 자세히 설하여져 있어서, 모든 궁금증을 시원하게 풀어줄 것입니다.

- 천부경 : 15,000원
- 신심명 : 30,000원
- 현종기 : 65,000원
- 기우목동가 : 75,000원
- 반야심경 : 1회당 5,000원 (총 32회)
- 선가귀감 : 1회당 5,000원 (총 80회)
- 금강경 : 40,000원
- 법성게 : 10,000원
- 법융선사 심명 : 100,000원

대원 선사님 작사 노래 CD 주문판매합니다

- 가격 : 2만원

- 가격 : 1만 5천원

문의 전화 ☎ 031-534-3373

유튜브에서 채널 구독하시고
무료로 찬불가 앨범을 감상하세요

유튜브에서 MOONZEN을 검색하시거나
아래의 주소로 접속해주세요

http://www.youtube.com/user/officialMOONZEN